北京文博

文 丛
二〇一八年第二辑

北京市文物局 编

图书在版编目（CIP）数据

北京文博文丛. 2018. 第2辑 / 北京市文物局编. --北京：北京燕山出版社，2018.6

ISBN 978-7-5402-5191-8

Ⅰ.①北… Ⅱ.①北… Ⅲ.①文物工作 – 北京 – 文集 ②博物馆 – 工作 – 北京 – 文集 Ⅳ.①G269.271-53

中国版本图书馆CIP数据核字(2018)第147858号

北京文博文丛·2018·第2辑

出版发行：北京燕山出版社有限公司

社　　址：北京市丰台区东铁营苇子坑路138号　　100079

责任编辑：刘朝霞

版式设计：肖　晓

印　　刷：北京画中画印刷有限公司

开　　本：787mm×1092mm　1/16

印　　张：8

字　　数：181千字

版　　次：2018年7月第1版

印　　次：2018年7月第1次印刷

ISBN 978-7-5402-5191-8

定　　价：48.00元

北京文博

2018年第2辑（总92期）

特约专稿

1　我对长城保护的认识
　　王玉伟

北京史地

6　唐彭说残志考释
　　鲁晓帆

16　石景山出土元代杨朵儿只墓志考
　　陈　康

26　探寻明代驿站"榆河驿"
　　高建军

30　历代帝王庙从祀名臣制度研究
　　李春莲

文物研究

37　先秦时期凤鸟纹考
　　陈占锡　金志斌

42　门头沟区现存元代石刻综述
　　马　垒

53　晏公祠儒家道流石刻考
　　魏晋茹　张鹏飞　岳升阳

62　雍和宫藏明代最胜寺钟考
　　李冀洁

考古研究

69　房山区琉璃河镇立教村西晋、唐、元墓葬发掘简报
　　北京市文物研究所

78　长春园海晏堂蓄水楼遗址考古发掘简报
　　北京市文物研究所

主办单位：北京市文物局
编辑出版：《北京文博》编辑部
　　　　　北京燕山出版社
网址：http://www.bjmuseumnet.org
邮箱：bjwb1995@126.com

目录 | Contents

博物馆研究

91 年画类展览策划与实施的探索
——以"画中有戏：国家大剧院藏戏出木版年画展"为例
张晓杰

103 古建遗址类博物馆对流浪动物的管理
郝 黎

107 从华侨文物看华侨华人在"一带一路"建设中所起的作用
——以中国华侨历史博物馆馆藏为例
刘 慧

113 基于OA平台的故宫博物院图书馆文物信息检索服务研究
——以故宫博物院藏雕版文物为例
周 莎

文献资料

120 北京市文物局2018年第一季度文博事业大事记
北京市文物局办公室

《北京文博》编辑委员会

顾　问：李学勤　吕济民
主　任：李伯谦
副主任：舒小峰　孔繁峙　王世仁
　　　　齐　心　马希桂　吴梦麟
　　　　信立祥　葛英会　靳枫毅
　　　　郭小凌

编委会委员：（以姓氏笔画为序）

于 平	王 丹	王 岗	王丹江
王玉伟	王有泉	王培伍	王清林
卢迎红	白 岩	向德春	刘索凯
刘超英	齐东发	关战修	许 伟
许立华	宋向光	杨玉莲	杨曙光
李 晨	李建平	肖元春	吴志友
何 沛	张德华	范 军	哈 骏
侯兆年	侯 明	郗志群	高小龙
高凯军	郭 豹	崔国民	韩 更
韩战明	谭烈飞	薛 俭	

主　编：祁庆国
执行主编：韩建识
编辑部主任：高智伟
本辑编辑：韩建识　陈 倩
　　　　　高智伟　康乃瑶　侯海洋

声 明

为适应我国信息化建设，扩大本辑刊及作者知识信息交流渠道，本辑刊已被《中国学术期刊网络出版总库》及CNKI系列数据库收录，作者文章著作权使用费与本辑刊稿酬一次性给付。免费提供作者文章引用统计分析资料。如作者不同意文章被收录，请在来稿时向本辑刊声明，本辑刊将做适当处理。

Beijing Cultural Relics and Museums

No. 2, 2018

SPECIAL CONTRIBUTION

1   My Knowledge of Protection for the Great Wall
      by Wang Yuwei

HISTORY AND GEOGRAPHY OF BEIJING

6   Study on the Epitaph of Pengshui 彭浼 of Tang Dynasty
      by Lu Xiaofan

16   Study on the Epitaph of Yang duoerzhi 杨朵儿只 of Tang Dynasty Unearthed in Shijingshan
      by Chen Kang

26   Exploration of the Station of Yuheyi 榆河驿 during Ming Dynasty
      by Gao Jianjun

30   System of Subordinate Subscribed Famous Ministers of the Temple of Ancient Monarchs in Beijing
      by Li Chunlian

CULTURAL RELICS RESEARCH

37   Study on the Phoenix Bird Pattern of Pre-Qin Period
      by Chen Zhanxi, Jin Zhibin

42   Summary of Stone Carvings of Yuan Dynasty Existed in Mentougou District
      by Ma Lei

53   Study on the Confucian Orthodoxy Stone Carvings in Yangong Temple
      by Wei Jinru, Zhang Pengfei, Yue Shengyang

62   Study on the Zuisheng Bell of Ming Dynasty Collected in the Yonghegong Lama Temple
      by Li Jijie

ARCHAEOLOGICAL RESEARCH

69   Brief Report on Excavation of Tombs of Western Jin, Tang and Yuan Dynasties in Lijiao Village, Liulihe Town, Fangshan District
      by Beijing Cultural Relics Research Institute

78   Brief Report on Archaeological Excavation of Water Storage Building Site of Haiyan tang, Changchunyuan
      by Beijing Cultural Relics Research Institute

MUSEOLOGY RESEARCH

91   Exploration of the Planning and Implementation of the New Year Pictures Exhibition: A Case Study of "There is a Drama in the Picture: the Exhibition

---

Organizer: Beijing Municipal Administration Bureau of Cultural Heritage

Edited and Published by the Editorial Department of Beijing Wen Bo, Beijing Yanshan Press

URL: http://www.bjmuseumnet.org

E-mail: bjwb1995@126.com

目录 | Contents

of Drama Wood Engraving Pictures Collected in the National Theatre"
by Zhang Xiaojie

103 Management of Stray Animals in Museum of Ancient Building Sites
by Hao Li

107 The Role of the Overseas Chinese in the "The Belt and Road" Construction from the Cultural Relics of Overseas Chinese: A Case Study of the Collection of Overseas Chinese History Museum of China
by Liu Hui

113 Research of the Cultural Relics Information Retrieval Service Based on OA Platform of the Palace Museum Library
by Zhou Sha

DOCUMENTS AND MATERIALS

120 Chronicle of Events Concerning Cultural Relics and Museums of the Beijing Municipal Administration Bureau of Cultural Heritage (1st Quarter of 2018)
by Office of Beijing Municipal Administration of Cultural Heritage

Editorial Board of *Beijing Wenbo*

Advisors: Li Xueqin, Lü Jimin

Chairman: Li Boqian

Vice-chairmen:

Shu Xiaofeng, Kong Fanzhi, Wang Shiren, Qi Xin,

Ma Xigui, Wu Menglin, Xin Lixiang, Ge Yinghui,

Jin Fengyi, Guo Xiaoling

Members:

Yu Ping, Wang Dan, Wang Gang,

Wang Danjiang, Wang Yuwei, Wang Youquan,

Wang Peiwu, Wang Qinglin, Lu Yinghong,

Bai Yan, Xiang Dechun, Liu Sukai, Liu Chaoying,

Qi Dongfa, Guan Zhanxiu, Xu Wei, Xu Lihua,

Song Xiangguang, Yang Yulian, Yang Shuguang,

Li Chen, Li Jianping, Xiao Yuanchun, Wu Zhiyou,

He Pei, Zhang Dehua, Fan Jun, Ha Jun,

Hou Zhaonian, Hou Ming, Xi Zhiqun,

Gao Xiaolong, Gao Kaijun, Guo Bao, Cui Guomin,

Han Geng, Han Zhanming, Tan Liefei, Xue Jian

Editor-in-chief: Qi Qingguo

Executive Editor: Han Jianshi

Director of the Editorial Office: Gao Zhiwei

Managing Editors of this Volume:

Han Jianshi, Chen Qian, Gao Zhiwei, Kang Naiyao

Hou Haiyang

我对长城保护的认识

王玉伟

时下,长城保护备受关注。政府部门不断加强保护力度,长城保护的水平稳步提高,但从修缮后整体保护效果来看,仍有不少提升空间。为进一步做好长城的保护利用,长城管理部门、设计单位也都在积极努力,认真研究。特别是针对一些尚未得到修缮、且目前不具备开发条件的地段所面临的游人日益增多、险情面临扩大趋势的情况,应该广泛听取各方面的意见,并结合各地实际情况,积极探索应对办法,以缓解当前面临的压力。以下结合北京近些年的长城保护情况,谈谈我的认识。

一、保护理念上应进一步统一认识

从全国来看,由于不同区域、不同地段长城砌筑所使用材料及建造年代、保存状况等差别很大,因此,在保护模式选择、干预程度的把握上也都不尽相同。虽然文物管理部门在组织培训、制定标准规范等方面做了大量工作,但在长城修缮到底干预到什么程度及如何处理好与开放利用的关系问题上,包括业内专家仍有不同的认识,从而使得一些长城保护项目的推进如履薄冰。因此,急需在长城保护理念上进一步取得共识。

近几年,修缮资金投入效果明显,文物安全状况得到很大改善,文物保护环境得到较大提升。长城作为大遗址保护片面追求大面积修复的现象得到有效的控制,但从安全和日后的开放方面考虑,部分长城点、段修复规模仍然不小,部分点、段在修缮前后的整体风貌变化仍然较大,外观焕然一新的感觉在某些点、段较为明显,沧桑感削弱。有些不必要的干预,直接导致了文物的老化价值过多损失,而减弱了长城承载着的历史信息的可读性。随着对文化遗产保护理论认识的不断加深,人们也开始思考如何在长城修缮中进一步防止出现这种干预过度的问题。

《中华人民共和国文物保护法》第二十一条规定:"对不可移动文物进行修缮、保养、迁移,必须遵守不改变文物原状的原则。"于是如何理解"原状"便成为人们议论的焦点。我认为文物原状不能简单理解为文物建筑始建或重建、改建时某一时期的状态,还应该包括建筑经历的不同时代中,由于岁月流逝而形成了的新的各种有价值的记忆,也就是国际上所倡导的,在遗产保护中要在保护文物本体原有价值的同时,还应注意保护文物建成之后不同时代赋予文物的老化价值,正如1964年《国际古迹保护与修复宪章》(威尼斯宪章)所说:"各个时代为一古迹之建筑所做的正当贡献,必须予以尊重。因为修复的目的,不是追求风格的统一,当一座建筑物还有不同时期的重叠作品时,只有在特殊情况下被去掉的东西价值甚微,而被显示的东西具有很高的历史考古或美学价值。"同时还指出,修复是一种高度专门的技术,它的目的是完全保护和再现文物建筑的审美和历史价值,保护和修复文物建筑既要当作历史见证物,也要当作艺术作品来保护。梁思成先生曾经阐述的"修旧如旧"保护理念，既不是修后做旧，也不是鼓励追求按建筑当初的形式重新修复，而是希望既要保护好历史建筑遗存，又要同时做好各个时代有价值历史信息的保护工作。

因此，长城维修中我们就应该切实把每一块砖、每一块石都当作文物来善待。多年来，虽然大家都在努力，力求做得更好，然而在实际操作中应该看到我们目前仍然存在不少的差距。显而易见，由于保护理念认识上的误差，使得长城保护项目实际上一直未能从根本上摆脱房屋修缮工程化的影响。因此，做好长城保护工程，首先需要秉承正确的保护理念，尽快统一到一个认识上来。

二、长城修缮应始终坚持最低限度干预的原则

从长城的保存现状看，抢险加固仍然是现阶段保护工作的一项主要任务，尽快推动抢修工作刻不容缓。为此，首先要明确长城的价值取向，并根据大遗址特点编制以现状保护为主的工程设计方案，重点排除结构安全方面存在的险情。根据最低限度干预的原则，在确保文物安全的前提下，通过技术手段消除存在及潜在的各种安全隐患或控制其险情继续扩大。在技术手段的选择上应符合《中国文物保护准则》（2015年）中关于"大遗址整体保护"的原则，即"在确保安全的前提下，可采取多种展示形式进行合理利用，应坚持最低限度的干预原则"。这也是修缮保护模式遴选的前提条件，以确保实施后长城的真实性、完整性得到充分的体现，避免造成修缮后文物价值的不必要损失。切不能以安全或开放等理由擅自扩大修缮范围，增加干预程度，去追求所谓的"彻底消除安全隐患的百年大计"或"返老还童"的过度修缮。

长城保护必须坚持最低限度干预的原则，当务之急是"雪中送炭"，而非"锦上添花"。当然在坚持最低限度干预原则的前提下，也要充分考虑到保护措施可能对环境保护带来的不良影响。某些长城地段及部位，因为结构加固或传统工艺展示需要，局部依据传统做法和工艺修复时，应作为保护设施予以标识，以便与原状相区别（图一）。如果涉及今后开放利用，确需增加一些必要的安全设施，则可在下一步结合辅助性的保护设施一并解决。

最低限度的干预是长城修缮应遵循的基本原则，是长城历史原状得到保护，遗存的真实性、完整性得到延续的基本保障。正如国家文物局副局长宋新潮所说的，保护好一切能够见证历史的文物痕迹，留住长城岁月的沧桑，才能触发人们心灵的震撼，从而使更多的人流连忘返。

图一　修缮后的箭扣长城（怀柔区文委供图）

三、做好前期勘查调研和分析评估

长城保护是一项很细致的研究工作，研究成果是编制长城设计方案的重要依据。目前，前期勘察工作主要集中在现状测绘和残损情况勘察、记录上（图二），历史沿革多引用现有的文件和甲方提供的资料。历史档案资料查阅、知情者走访及必要的考古工作等并没有引起足够的重视。在没有对长城现状病害成因实施科学检测和深入分析研究的情况下就急于确定修缮做法，使得保护模式选择上往往缺乏足够的依据。这是目前长城修缮中急需改善的一项工作。比如，长城敌楼、城墙等本体开裂、基础下沉等现象，由于所处的环境不同，形成的原因不尽相同，那么保护模式也可能不同，如果忽略这一点不仅极易产生过度修缮的后果，甚至还可能因误判造成治标未治本而留下安全隐患。记得当年唐山大地震，对包括长城在内的一些古建筑也造成了不同程度的损坏。国家文物局为此紧急组织会战，用了三年时间对京津唐地区的文物损坏情况进行地震考古调查，不仅查阅了大量的古代史籍，还奔赴地震灾区进行调查研究，其考古成果不仅对研究和预防地震灾害，而且对文物抗震、地震预防及日后修缮都提供了很大的帮助。

另外，关于走访调查工作，除专家学者外，还可以选择一些老文物工作者、守护长城的老志愿者、遗产地的村民，有时他们会提供很多有价值的信息。文物保护是一项很严谨的工作，与一般的房屋修缮有本质上的区别，保护措施应该是项目研究成果的再现。相反，如果忽视这一点，甚至不加分析地选择了不当的保护措施，也会给文物带来一些不可弥补的损失。

在长城修缮中，以砖石砌筑为主的明长城，城墙顶面上的灌木植被和腐殖土的清理问题目前争议较大，一说长城渗漏是造成结构安全隐患的主要原因，应该在修缮中全部予以清除；一说很多情况下灌木并非是造成结构安全隐患的直接原因，腐殖土等表面层有一定的保护作用，应有条件地保留。此前的情况基本是在工程刚开工，有的时候是在勘察阶段就把几乎所有的灌木植被一砍而光，并没有把这些当作问题去认真分析和研究，以及评估日后可能会带来的不良影响。这种连根拔除防留后患的做法，似乎成为了一个惯例。就拿砖石长城来说，的确，如果城台地面防水层损坏会造成灌木植物的地下根茎不断蔓延，对长城结构构成威胁。但从长城现状考察情况看，灌木没有一定条件是很难轻易穿透城台地面砖、垫层砖和之下的灰渣土找平层的。一般地说，只有在地面下沉、地面两侧墙体坍塌等情况下，因地面防护层被破坏才可能出现严重的渗漏情况。渗漏造成的积水或墙内湿度过大，再加上冬天产生冻融才可能对墙体结构产生较大的破坏。鉴于此，对于墙体结

图二　专家现场勘察古北口长城险情

构较为稳定地段的地面杂草灌木的清理，必须确保原地面不会因此受到损坏。否则维持现状，让腐殖土对已残损的老地面继续起着一定的保护作用，可能是目前一种较为稳妥的保护办法。以往城墙顶部地面因为清除了地面上层灌木植被和厚厚的一层腐殖土，使许多原本受到腐殖土保护的一些残损地面，在灌木被砍除后需要大面积地重新揭墁或者更换地面，这样，文物的损失就不言而喻了。对于城台地面层灌木植被、腐殖土不加区分的处理，确实应该十分慎重，一定要依据现场勘察的实际情况，再分别采取相应的清除、抑制、维持现状等不同的处理办法。

如果属于下一步计划开放的地段，届时可根据实际管理情况和管理能力，提出具体的解决办法。长城顶部在保证墙体安全的前提下，保护较好且具备条件的地段，在保护措施落实的情况下，可以考虑允许游人行走，但需要对人流进行限制，如组织单行道通行等。存有隐患并且保护措施不具备的地段，从安全和现状考虑应禁止在长城上行走。这些地段如果行人要通行的话可考虑在城墙上搭建可逆性栈道，材料可考虑金属、木质或防滑玻璃等（图三）。设计时应采用简洁的外观形式，要充分考虑对环境可能产生影响，以及下一步展示利用的需求。有些栈道材料和形式的选定可以结合局部城墙防渗漏需要一并设计。当然有条件的最好不选择在城墙顶上通行。如果开放和展示需要，地形条件允许，栈道最好在城墙两侧铺设，但要特别注意外观形式和周边环境协调的问题。

四、加强施工现场的管理

由于文物修缮项目的特殊性，特别是长城大多地处荒山野外、施工期很短的特点，多年的经验说明，长城保护工程要达到精细管理、精准保护，各方面要进一步解放思想、敢于创新。在实际操作中，越来越感到当前长城工程项目的管理机制确实难以符合新形势对我们的要求。

为此，结合问题导向，我认为首先应解决开工后的设计与施工容易脱节的问题。如设计单位仿照建设工程监理推行旁站制度，实现设计与施工无缝连接，施工人员将会更加深刻地领会设计理念和设计意图，做到现场出现的问题设计人员现场随时解决，以达到精准设计、精准施工、缩短工期、提高时效的目的，同时也从根本上解决了有些洽商滞后等程序问题。

其次，应优化长城保护现行管理体制，创新理念，探索新思路、新办法，尽快实现长城修缮难点的新突破，推进长城保护工程研究、设计、施工一体化进程。如借鉴一些适合文物保护工程管理特点的政府采购、建设工程及国际通行的工程项目管理的经验，由专家对多种设计方案进行比选和评审，采取招标、

图三 修缮后的怀柔河防口长城及栈道（怀柔区文委供图）

竞争等多种方式选择设计单位。探索施行由业主委托、以设计单位为龙头的项目总承包模式，即设计单位占主导并最后"交钥匙"工程的可行性，以解决设计、采购、施工脱节和施工过程中实施对质量、工期、投资的总体控制中存在的问题。

鉴于长城文物的管理使用单位大多与文物管理部门没有隶属关系，很多单位没有专门的技术人员负责修缮管理工作，如果在长城修缮项目的管理上探索项目管理咨询服务制度，为投资项目决策和实施提供智力支撑，将更加有利于文物管理使用单位在项目立项、工程竞标、投资质量、工期控制、方案审批、施工验收等项目全过程的监管。

长城是世界文化遗产，举世瞩目。长城修缮任务依然繁重。日前，北京提出的长城文化带建设理念为长城保护带来了新的机遇，应以此为契机，加强宣传、认真研究、创新思路，使长城得到更加有效的保护利用，以实际行动落实十九大报告中提出的"加强文物保护利用和文化遗产保护传承"的精神。

(作者单位：北京市文物局)

唐彭说残志考释

鲁晓帆

北京城市副中心选址在通州大运河东畔，在以通州区潞城镇为核心的建设工地上，经过考古工作者科学地勘探与发掘，现已有一千余座各个朝代的墓葬被发掘。在上万件出土文物中，有两方唐代墓志颇为引人瞩目。而在研究整理这两方墓志的相关资料时，笔者观察到有一方在清代乾隆年间就已经出土于通州（潞县）古城北的唐代残志，被今人所忽略与遗忘，没有得到应有的重视。但这方残志却与新出土的这两方唐志，同样是记录通州潞县古城遗址历史发展变迁的重要实物资料。

唐彭说残志，建中三年（782）上石。清乾隆二十七年（1762）出土于北京通州古城北的田野中。按，罗振玉《京畿冢墓遗文》云："残志，高、广均一尺八十分（按清营造尺计算：一尺等于32厘米，一尺八十分，约为58厘米），刻二石，十七行，行十七至二十字不等，正书，后石佚。"①清代乾隆年间通州才子刘锡信对此墓志颇有心得。他在其撰著的《潞城考古录》中云："通州古金石之文绝少，所存碑版，皆明代物。自元以前，颇为罕见。……余留心搜访，于州城南，得唐长丰令李（丕）君墓志，贞元间物。又于古城北，得唐景城主簿彭（说）君权殡志，建中年物。余俱有文记其事，详识颠末，二石拟嵌之学宫壁间。又闻里二寺田氏得石刻于田中，文皆隶书，屡托人索之，伊坚不与，竟投诸河，可憾也。"又云："岁在壬午，土人于古城北，得一石刻，为唐景城主簿彭（说）君权殡志铭，予屡访之不获，至癸巳岁始得焉。"②又

"此志出土十年，予始访获元石二方，其一尚完好。下方剥落，碎裂作数段，文字漫漶不可辨识，甚可惜也"③。根据刘锡信所记，可知彭说墓志是在乾隆二十七年，出土于汉代路县县城北面，他经过11年艰苦的努力，于乾隆三十八年（癸巳，1773）终于获得墓志残留的文字，但原志石却在乾隆年间就因人为的因素遗失掉。志文首题"唐瀛州景城县主簿彭君权殡志铭"，王谏撰。该残志文字的留存部分，涉及到不少当时的人和事，如：汉代的古渔阳城，其祖父彭杲的履历，曾任幽州卢龙节度使的朱泚、朱滔兄弟的称谓，以及李惟岳恒定叛乱一事。清代官修的《全唐文》、光绪《通州志》等，也载有其志文。为便于读者对照考证，现按《京畿冢墓遗文》之载（图一），抄录残志文字如下：

唐瀛州景城縣主簿彭君權殯志銘

       前幽州潞縣尉王諫撰

有唐建中二年歲次辛酉十一月三日，瀛州景城縣主簿彭說字巨源卒於官。明年十有一月，季弟字長源，迎神葬於古漁陽城北采貴里之原。存歿急難，於此極天倫之感。君之先世，祿至高祖，奕葉瓊枝，在邦已聞。曾祖順，皇朝都水使者。祖杲，御史中丞、嶺南採訪。考樓梧，蒲州司馬。生君身長六尺，性倜儻，善屬文，工楷隸。廣德中，有季父仕於恒，因省遇亂，來遊幽薊。與弘農楊鏻、太原王瀋、河東柳挺以文相友，為當時高唱。及太尉遂寧王、司徒義陽公魯衛更榮，秉旄此府，恩殊寄重，深沉朱戶。君尝儒服曳

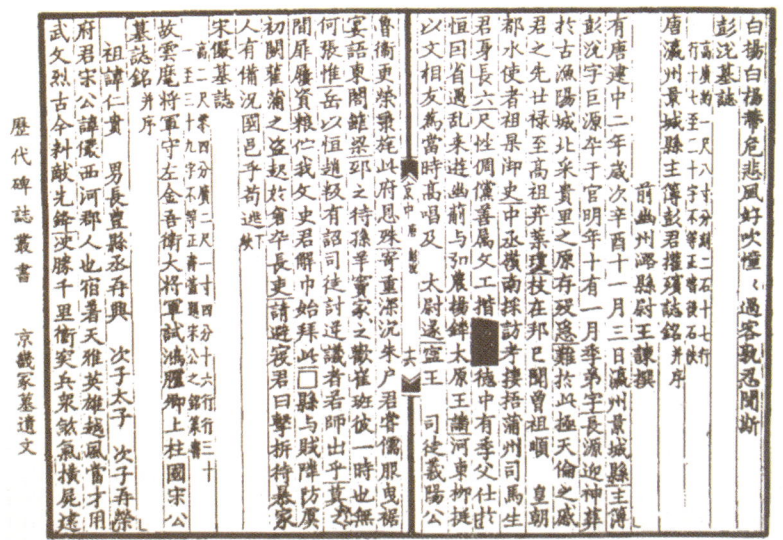

图一 罗振玉校录《京畿冢墓遗文》载《唐彭浼墓志》志文

裙,宴语东阁,虽梁邸之待孙羊,窦家之欢崔班,彼一时也。无何,张惟岳以恒赵叛,有诏司徒讨逆,议者若师出乎(瀛)莫之间,屝屦资粮,仁我文史,君解巾始拜此命。县与贼邻,防虞初阕,蘵蒲(萑苻)之盗,起于仓卒,长吏请避寝。君曰:擘析待暴,家人有备,况国邑乎!苟逃(下缺)

志云:"有唐建中二年岁次辛酉十一月三日,瀛州景城县主簿彭浼字巨源卒于官。"《新唐书·地理志三》载:"瀛州河间郡,上。……县五:……景城。上。本隶沧州,武德四年来属,贞观元年隶沧州,大历七年复旧。后隶景州,寻又来属。"④景城为上县,其主簿一人,为正九品下。可知,彭浼的官职处于莫州景城县三四把手的地位。但由于残志没有披露他因何被葬到潞县的信息,如他的原籍、现籍、居家、时年等,所以,他不是幽州地区的人。在刘锡信撰写的《唐景城主簿彭君权殡志跋》中:"志载彭君世系颇悉,惟不详其郡邑第。云'广德中,有季父仕于恒,因省遇乱,来游幽蓟'则浼非潞人也。"⑤而此篇考证只能是就事论事。

志云:"明年十有一月,季弟字长源迎神葬于古渔阳城北采贵里之原。存殁急难于此,极天伦之戚。"即在唐建中三年的正月,彭浼最小的弟弟彭长源把他葬在"古渔阳城北采贵里"那个地方。因为墓志是清代乾隆年间出土于通州的古城北,即"古渔阳城",这是指位于今天通州区潞城镇古城村的汉代古"路城"。为什么古"路城"在这里又被称为"古渔阳城"呢?这是因为在东汉初年渔阳郡治和路(潞)县县治都设在路城这一地,故它又被唐人称之为古渔阳城。刘锡信根据北魏郦道元《水经注》等的记载,考证出清代通州遗存的汉代古路(潞)城,就是唐代人异称东汉时的潞城为"古渔阳城"。而2017年建设北京城市副中心,在建设工地核心区A11地块,即通州区潞城镇辛安屯村所在地,出土的"唐艾演墓志"云:"卜宅于潞县甄升乡古潞城南一里平原成坟。"这是迄今发现的第一方直接记有以汉代古路(潞)城为坐标出土的唐墓志(图二)。它与清代乾隆时期出土的"彭浼墓志",一南一北确定了汉代古路(潞)县城址的具体方位,同时两方墓志又可以互为印证。时至今日,根据20世纪以来通州出土的多方唐代墓志之记载,已知唐代潞县下辖的十个乡名中的4个,即招义乡、甄升乡、高义乡和潞城乡,以及除"采贵里(村)"以外的3个唐代村名,即北尹村、庞村和临河里(村),这些都在笔者其他文章的考证中得到证实,在此不再赘述⑥。《后汉书·五行志二》载:"建武中,渔阳太守彭宠被征。书至,明日潞县火,灾起城中,飞出城外,燔千余家,杀人。"⑦可见,东汉时期已把"路城",记作"潞城"。东汉初年,

图二　唐艾演墓志（照片由北京市文物研究所提供）

城遗址保存还相对完整。据北京市文物局通报，2016年市文物研究所在通州区潞城镇古城村发现汉代路城古城遗址，它是一个四边长度都在555～608米之间、西北向东南倾斜约6度角、类似正方形的遗址，并且在城外还出土了大量战国至汉唐、辽金以至明清时期的遗址遗物。这些实物的出现，说明两千年以来，通州区即古老的潞（路）县，就一直是人们寄居的乐园。而最早记录"路县"之名的《汉书·地理志下》载："渔阳郡，秦置。莽曰通路。属幽州。……县十二：渔阳，沽水出塞外。东南至泉州入海，行七百五十里。有铁官。莽曰得渔。狐奴，莽曰举符。路，莽曰通路亭。……"⑨当时的"路县"是汉代渔阳郡管辖的十二个县之一，在王莽时代改名叫做"通路亭"。东汉初年，渔阳郡的治所迁址于下辖的潞县。而时任渔阳郡太守的彭宠，倚仗着自己兵强马壮，在潞县举兵造反。光武帝派遣大军前来平叛，汉军在浴血奋战后攻入城中，愤怒之下一把大火烧毁了郡县两署及大部分民宅⑩。从此，潞县县治被迫东迁到了距今通州潞城镇古城村约十五里的河北省三河市的城子村，这就形成了史上第二座潞县县城。也许是不方便的原因，也许是社会发展的动力，潞县县治在东迁并沉寂几百年后，在北齐、北周时，其县治又迁回到汉代"路县"古城的西边八里处，重新建立个新城，这就是今天我们所看到的通州城的旧城区，大约是在今新华大街的北侧偏东处，即第三个潞县城址。据《隋书·地理志》，涿郡"旧置幽州，后齐置东北道行台。后周平齐，

渔阳郡的太守彭宠，把郡的治所也迁址于下辖的潞县城中。可能是因为水源丰富的缘故，这时的"路"城加上了三点水旁，已记作"潞"城了。从此，历朝历代也就都称呼为"潞城"，再也没有改变。志文的"存殁"犹言生死，"急难"是指危难，而"天伦"是指父子、兄弟等亲属关系。"戚"当忧伤。志文在这里是说彭浼被最小的弟弟葬在东汉潞县城的北面，即"古渔阳城"的北边采贵里（村）。在这个危难时刻，兄弟们都非常地悲痛忧伤。

关于"潞县"县治，在历史上有过三处。这第一处就是位于今日被人们习惯称为通州区的潞城镇古城村，即今日北京城市副中心的核心区。刘锡信在《潞县故城考》中云："通州潞河东八里有古城。周围四里许。遗址约高五尺，东、西、北三面俱存，惟南面近官道，已成陆地，西北隅废堞，独高丈余。疑当日角楼、瞭台之类改之。州志曰：相传为前朝住兵处。或云古潞县。"⑧由此可知，当时汉代古路

改置总管府。大业初府废。统县九，户八万四千五十九。……潞，旧置渔阳郡，开皇初废"⑪。而刘锡信的《潞县治考》中载："潞县旧治二，汉时在潞河东八里之故城，唐以后即治今州城。俱证之近年所得唐石刻，可以为据。惟中间二三百年，未审治何所。按水经注，引魏氏土地记，云：潞县城西三十里有潞河也。以此计之，元魏潞县治所，当在潞河东三十里，约略在通州三河交界之地。今遗址绝无可考，盖是时尚未析三河县。元魏县治，在适中之地，理或近之，徙治潞河西，虽年代莫考，疑当在齐周置渔阳郡之时。今州城北门内十三级燃灯佛塔，穹窿高峻，颇为巨观，建自周宇文氏。当日建塔，必在郡邑城市之地，意潞县必已徙治于此矣。"⑫刘锡信的考证，说明今日的通州之始起于北齐。而自北齐以来一千四百多年，各朝各代一直都是围绕着这个潞县城址来建设发展的。特别是在金代海陵王把都城迁到燕京后，升潞县设立通州，这样就使通州治与潞县治又一次同属一地，并在历史上首次出现了"通州"之名。《金史·地理志上》载："通州，下，刺史。天德三年升潞县置，以三河隶焉。"⑬而实物记载北京"通州"之名称的，就是1975年出土于今通州区梨园镇的金代"石宗璧墓志"（图三），他"以大定十七季四月四日，葬于通州潞县台头村之新茔"⑭。这是有关"通州"之名最早有年代记载的实物。"通州"之名，至今已有840多年历史了。

志云："君之先世，禄至高祖，奕叶琼枝，在邦已闻。"在《元和姓纂》中载，彭姓"大彭为商诸侯，以国为姓，盖陆终第三子彭祖，即大彭也。"⑮殷商时诸侯国大彭，即在今天的江苏徐州铜山境内，这里是彭姓的发源地，其后彭姓的繁衍播迁，均是出自于此。当然，彭姓的起源还有许多说法，但它的郡望主要有陇西郡、淮阳郡、彭城郡、玄菟郡等。但现存的志文中，丝毫未显露出彭涗来自哪儿。

这里"禄"是谓古代官吏的俸给。而"奕叶"表示累世、代代之意。"琼枝"即传说中的玉树。志文在这里是说彭涗家族的先人，得到朝廷俸禄的起源是他的高祖。这以后累世都得到了这棵玉树的覆盖。

志文记载了彭涗的上三代，但他们在史书中都无传。志云："曾祖顺，皇朝都水使者。祖杲，御史中丞、岭南采访。考栖梧，蒲州司马。"这里是说彭涗的曾祖父彭顺，曾任"都水使者"，这是都水监使者的简称。据《新唐书·职官志三》，都水监"使者二人，正五品上。掌川泽、津梁、渠堰、陂池之政，总河渠、诸津监署。凡渔捕有禁，溉田自远始，先稻后陆，渠长、斗门长节其多少而均焉"⑯。可知，彭顺曾是唐代负责水利、水运、桥梁等工程计划、施工、管理的中央机构的总管之一。

而彭涗的祖父彭杲是唐玄宗时的重要官员。他任职的"御史中丞"是御史台行使监察职能的官员。据《新唐书·职官志三》，御史台"大夫一人，正三品；中丞二人，正四品下。大夫掌以刑法典章纠正百官之罪恶，中丞为之贰"⑰。而"岭南采访"即岭南采访使的简称。岭南，是唐代行政区岭南道之名的简称，当时它管辖的范围相当于现在广东、广西、海南全境及越南红河三角洲一带。而"采访使"是为官名。在唐开元二十一年（733），曾将全国分为十五道，每道置采访处置使，简称采访使，它的职责是掌管检查刑狱和监察州县官吏。《新唐书·地理志》载："唐兴，高祖改郡为州、太守为刺史，又置都督府以治之。然天下初定，权置州郡颇多。太宗元年，始命并省，又因山川形便，分天下为十道，……开元二十一年，……置十五采访使，检察如汉刺史之职。"⑱采访使在唐肃宗时改为观察处置使。而在肃宗乾元以后，由于各地兵起，废采访使而置防御使。《通典·职官十四》载："大唐武德元年，罢郡置州，改太守为刺史，而雍州置牧。至

图三　金代石宗璧墓志

神龙二年二月，分天下为十道，置巡察使二十人，以左右台及内外官五品以下坚明清劲者为之。兼按郡县，再期而代。至景云二年，改置按察使，道各一人。开元十年省，十七年复置。二十二年，改置采访处置使，治于所部之大郡。"[19]可见，采访使或观察使皆有监察之任。彭杲这个在彭湜家族中不可或缺的大人物，虽然在两唐书中无传，但在其他史料中留下了痕迹。《新唐书·食货志三》载："玄宗时，牛仙客为相，有彭果者，献策广关辅之籴，京师粮廪益羡，自是玄宗不复幸东都。"[20]据《册府元龟·帝王部》，天宝三载（744）四月"光禄少卿彭果祭河渎，所司择日录奏，其名山大川，有路近处，亦合便祭。"天宝六载（747）二月丁酉"岭南五府经略采访使彭果坐赃伏罪。"[21]据《旧唐书·玄宗纪下》，天宝六载三月戊戌"南海太守彭果坐赃，决杖，长流溱溪郡（即今贵州省桐梓县），死于路。"[22]据今学者考证，这些史籍中的"果"字，实为"杲"字之误[23]。从这些史料中，可以得知彭杲还曾任"光禄少卿""岭南五府经略采访使""南海太守"等官职，这些皆可补充"彭湜墓志"记载其祖父官职之不足。据《新唐书·百官志三》，光禄寺"卿一人，从三品；少卿二人，从四品上；……掌酒醴膳羞之政，总太官、珍羞、良酝、掌醢四署。凡祭祀，省牲镬、濯溉；三公摄祭，则为终献。朝会宴享，则节其等差。"[24]《旧唐书·地理志上》载："岭南五府经略使，绥静夷獠，统经略、清海二军，桂管、容管、安南、邕管四经略使。五府经略使治，在广州，管兵万五千四百人，轻税本镇以自给。"㉕现收藏于陕西省西安碑林博物馆文物库房中的唐代开元十一年（723）《御史台精舍碑》㉖，在该碑的题名中就留刻有"彭杲"之名。1956年在陕西省西安市东北郊的第一砖瓦厂，工人在施工中出土了四件带有铭文的唐代银铤及大小银盘各一件㉗。在第三件银铤上，其正面中间部位就刻有"岭南采访使兼南海郡太守臣彭杲进"字样，而右上角还刻有"银五十两"字样。据有关专家考证，这是标准的地方高级官员向皇帝"进奉"的银两。可见，曾作为监督镇守一方大员的彭杲，也不能够免俗。有关唐代的"进奉"一事，在《旧唐书·食货志》中载："先是兴元克复京师后，府藏尽虚，诸道初有进奉，以资经费，复时有宣索。其后诸贼既平，朝廷无事，常赋之外，进奉不息。韦皋剑南有日进，李兼江西有月进。杜亚扬州、刘赞宣州、王纬李锜浙西，皆竞为进奉，以固恩泽。贡入之奏，皆白臣于正税外方圆，亦曰'羡余'。节度使或托言密旨，乘此盗贸官物。诸道有谪罚官吏入其财者，刻禄廪，通津达道者税之，莳蔬艺果者税之，死亡者税之。节度观察交代，或先期税入以为进奉。然十献其二三耳，其余没入，不可胜纪。此节度使进奉也。其后裴肃为常州刺史，乃鬻货薪炭案牍，百贾之上，皆规利焉。岁余又进奉。无几，迁浙东观察使。天下刺史进奉，自肃始也。"㉘而《新唐书·卢怀慎传》中，卢奂"天宝初，为南海太守。南海兼水陆都会，物产瑰怪，前守刘巨鳞、彭杲皆以赃败，故以奂代之。"㉙可见，彭杲不仅没有起到御史中丞、岭南采访使的监察作用，而且自己还是个巨贪。最后，他得到了应有的制裁。作为南海郡"太守"，彭杲职权范围很大，《新唐书·百官志》载："武德元年，改太守曰刺史，加使持节，……（中州）刺史一人，正四品下。"㉚彭杲是一郡的最高长官，其职责除了治民、进

贤、决讼、检奸外，还可以任免所属掾吏。所以，彭杲敛财的机会是有很多的。他握有监察职责的岭南道"采访使"，监察的范围在"盖古扬州之南境，汉南海、郁林、苍梧、珠崖、儋耳、交趾、合浦、九真、日南等郡。……为州七十有三，都护府一，县三百一十四。其名山：黄岭、灵洲。其大川：桂、郁。厥赋：蕉、纻、落麻。厥贡：金、银、孔翠、犀、象、彩藤、竹布"㉛。大到金银，小到竹麻，既有热带水果，又有珍禽异兽，无所不在其监控之下。而彭杲直接任职的"南海郡太守"，管辖的"广州南海郡，中都督府。土贡：银、藤簟、竹席、荔支、鼊皮、鳖甲、蚺蛇胆、石斛、沈香、甲香、詹糖香"㉜。这里的财物之丰富，攫取方式及手段就可任凭郡守来定夺了。"彭浣墓志"未记其祖父彭杲的"南海郡太守"之职，似有回避或隐瞒此段经历的意味。

而彭浣的父亲彭栖梧任职的"蒲州"，《新唐书·地理志三》记载了其建置沿革："河中府河东郡，赤。本蒲州，上辅。义宁元年治桑泉，武德三年徙治河东。开元八年置中都，为府；是年罢都，复为州。乾元三年复为府。"㉝而"司马"一职，据《新唐书·百官志》可知上州"司马一人，从五品下"㉞。不知是否受到其父彭杲的影响，其官位品级对比上两代来看，有着明显的下降。其子彭浣，则更是只任瀛洲景城县主簿的九品官了。

志云：君"身长六尺，性倜傥，善属文，工楷隶。广德中，有季父仕于恒，因省遇乱，来游幽蓟。与弘农杨镣、太原王璠、河东柳挺以文相友，为当时高唱。及太尉遂宁王、司徒义阳公，鲁卫更荣，秉旄此府，恩殊寄重，深沉朱户。"志文记载了彭浣在广德年间来到幽州并在此处"以文相友"之事。"高唱"是指格调高绝的诗歌。而"高唱"的对象"弘农杨镣、太原王璠、河东柳挺"都应是当时生活在幽州的文人墨客、官吏幕僚等。碰巧的是"弘农杨镣"与其妻亦有墓志发现，即

"唐杨镣及夫人达奚氏墓志"（图四），于1992年6月在北京房山区紫草坞乡大董村出土。志云："府君讳镣，字镣，弘农华阴人也。汉太尉震廿一世孙，隋司徒、越国公素七世孙。……府君……文行忠信，为世所推。燕伯再辟为莫州清苑县尉。□□□于公府，又辟为蓟县尉。三辟为良乡主簿。四命为蓟县丞。五命为妫州怀戎县令。后□蹇连，直竟未申，屈命与时，圣亦何辩。以长庆元年三月六日捐馆□□□官舍。即长庆三年十月廿八日，葬于良乡董村原，礼也。"㉟从杨镣与其妻墓志记载的内容来看，其家庭出身、修养内涵、籍贯官职等皆与彭浇墓志记载之内容较为契合，但两人卒年相差有三十年，彭氏逝于建中二年，杨氏逝于长庆元年（821），两人墓志都没有记载他们逝去的岁数，这就只好用推断的方法，来确认两人的年寿长短。彭浇是在广德中即公元763年左右，去探望在恒州任职的叔叔，途中遇到战事，从而来到幽州游历。他与杨镣等"对唱"时，假设他们都是在二十五岁左右来计算，到了朱滔任幽州节度使时，相隔十五六年的时间。朱滔接到皇帝的诏书后，剿杀李惟岳叛乱是在建中二年，这也是彭浇逝世之年，这时他大概四十岁左右，而杨镣在长庆元年逝世时大约是七十余岁。从彭浇的残志推测，他很可能是因战事而亡，他上任的瀛洲景城县与叛乱所在之郡相邻，他死于战事有极大可能。当然，志文中的"太原王潘"也许就是《新唐书》中有传的"太原王播"，志文中的"潘"字与"播"字在史上是相通的，而《新唐书·王播传》载，王播字明扬，太原人。他生于唐肃宗乾元二年（759），卒于唐文宗大和四年（830），活了七十余岁，这正好又与杨镣、彭浇等年纪相当。他在贞元中擢进士，同年又应制举，因成绩优异，被补为盩县尉。长庆初，历进中书侍郎同中书门下平章事。太和初，拜左仆射，封爵太原郡公㊱。他一生中曾经秉公办事，政绩突出，受到官府奖励。但也因坚持原则，受到奸臣的排挤打击。但他在唐穆宗、敬宗、文宗三朝，居官有十年，两次出任当朝宰相，凭的却是苛剥百姓、贿赂皇帝和宦官，这完全摒弃了他当初出仕时的清贫品质。其政治生涯的前一半，坚持原则没有随波逐流；后一半则是阿谀奉承、污泥满身，使他成为唐史上毁誉参半的人。根据他的履历，他确实有与杨镣、

图四　唐杨镣与夫人达奚氏合祔墓志

彭浼、柳挺等"对唱"的可能。如真是这样,"彭浼墓志"的记载,就可补充两唐书中王播传的记载之不足。"河东柳挺"无考。而志文"太尉遂宁王、司徒义阳公"之语,却是指朱泚、朱滔这对先后担任过幽州卢龙节度使的"好"兄弟。朱氏兄弟皆出生在幽州的昌平县,朱泚是在大历十二年(777),被升任检校司空的。在大历十三年(778),从"怀宁郡王"被改封为"遂宁郡王"。建中二年,朱泚又被进封为太尉[37]。所以,志称朱泚"太尉遂宁王"。志文中"司徒义阳公"是指朱滔,但称呼并不准确。在建中二年奉旨大败李惟岳后,朱滔因功被加授检校"司徒"。在升任幽州卢龙节度使后,又被封爵为"通义郡王",实封三百户[38]。"通义郡"是北周时期所置,治领金城县,故址是在今甘肃省碌曲县东,在隋代开皇三年(583)被废止。所以,唐代封王只是个荣誉,并没有实土。而"义阳"位于今河南省南部一带,三国时期魏文帝置,治所是在安昌(今湖北枣阳),其后屡有迁移,东晋末改为郡,治平阳(今河南信阳市)。从古至今,是江淮河汉之间的战略要地。有唐一代曾封义阳郡王李抱真,与朱滔战于贝州[39]。"义阳公"不应是朱滔,而是与朱滔有过交战的义阳郡王李抱真。从下文"鲁卫更荣"来看,"义阳公"所指仍是朱泚的兄弟朱滔。志文里朱滔被称为"义阳公"有误,应以史正志载之误,而朱滔在志文中也应被称呼为"司徒通义公"才对。当然,清代通州才子刘锡信,曾认为是史上漏载了朱滔"义阳公"之爵位,但在史书中及北京地区出土的大量唐代墓志中,都没有出现过这一称谓,而"大翼王""连帅朱公"等敬称,倒是经常地在他人志文中出现。作为唐史上幽州的重要人物,要是被皇上授予爵位,不可能在各种史书中全部漏载。这里是撰者无意中混淆了"义阳"与"通义"之称谓,还是有意抬高朱滔的封爵属地?笔者认为前者可能性较大,因为朱氏兄弟在之后先后反唐,未能善终,这里应以史正志载之误。这段志文写彭浼在幽州与杨镳、王潘、柳挺及朱泚、朱滔等人相交之事。

志云:"君尝儒服曳裾,宴语东阁,虽梁邸之待孙羊,窦家之欢崔班,彼一时也。""曳裾"是"曳裾王门"之省称,它比喻是在权贵的门下做食客。《汉书·邹阳传》载:"饰固陋之心,则何王之门不可曳长裾乎?"[40]"东阁"是谓东向的小门。《汉书·公孙弘传》载:"弘自见为举首,起徒步,数年至宰相封侯,于是起客馆,开东合以延贤人。"[41]而"梁邸"是因为汉代的梁孝王喜欢构筑,其府第见称于世,以后就用"梁邸"来代指王侯的豪华宫室。志文在这里描述了彭浼在权贵的门下做食客,一时过着奢华安逸的生活。彭浼乐不思蜀,在幽州一待一唱,大约就是十五六年的时间。

志云:"无何,张惟岳以恒赵叛,有诏司徒讨逆,议者若师出乎(瀛)莫之间,犀屦资粮,忙我文史,君解巾始拜此命。"这里"恒赵"就是指今天河北的正定(恒州)、赵县(赵州)。在"安史之乱"后,大唐的河北就形成了藩镇割据的局面,形成了以幽州、成德、魏博三镇节度使为中心的统治。这三镇在名义上还是臣服于朝廷,但实则是独立。而军中的主帅承继,或是父子相承,或是由兵将拥立,朝廷无法过问。而志文中所说"张惟岳"应即李惟岳,是成德军节度使李宝臣之子,为成德道行军司马,原姓张,李为唐朝赐姓。在李宝臣死后,他被部下推为留后,统辖河北恒、定、易、赵、深、冀六州之地。但唐德宗未准他继承成德军节度使之职,李惟岳因此便举兵谋反。唐德宗下诏以张孝忠为成德军节度使,并与幽州卢龙节度使朱滔联兵征讨。文中的"司徒"之语,即是指时任幽州卢龙节度使的朱滔。在建中三年正月,朱滔、张孝忠破李惟岳于束鹿。成德兵马使王武俊临阵倒戈,生擒并缢杀了李惟岳,又传首到京师。志文记述了李惟岳在恒、赵等地的反叛事件。幽州卢龙节度使朱滔等执行皇帝的诏讨令，征剿李惟岳叛军。大家商议着要是征讨恒、赵，必要师出瀛、莫等州，这要筹集许多的衣物、鞋帽、钱粮等，并且需要大量文书情报的往来。彭浣深受感召，去出任瀛洲景城县主簿之职，义无反顾地投身到征讨叛军的行动中去。

志云："县与贼邻，防虞初阙，藿蒲之盗，起于仓卒，长吏请避寝，君曰：击柝待暴，家人有备，况国邑乎！苟逃（下缺）。"志文在这里是说彭浣任职的瀛州景城县，与李惟岳叛乱的恒、赵等州郡相邻，景城县是防贼败寇的第一道防线。志文描述了彭浣面对盗乱的态度，彭浣说：打更巡夜，防备暴徒，在家里尚有准备，何况是保家卫国？苟且逃生（这不是我的原则）……。可惜，志文下缺。如有，肯定是一篇很好的励志佳作。

志云："前幽州潞县尉王谏撰。"《全唐文》中载："谏，元宗时人。"[42]这里说的"元宗"是唐玄宗李隆基的避讳之称。王谏是唐玄宗年间的才子，他给同时代的人撰写了许多有文学色彩的碑铭，这在《全唐文》中多有收录。此志文记载他任"幽州潞县尉"，根据《新唐书·地理志三》中"幽州范阳郡"潞为上县[43]及《旧唐书·职官志》上县"尉二人，从九品上"[44]的记载，可知王谏的官职为从九品上，与墓志主人彭浣的景城县主簿正九品下，正好是临职。可见，生前他们应是要好的朋友，也许就是当年"高唱"时的文友。

因墓志残缺，所记载的内容不够完整，但它也间接地说出了"安史之乱"后河北藩镇割据的混乱局面，兵戎相见、尔虞我诈，这正是河北藩镇与唐中央王朝之间尖锐矛盾的真实写照。生活在这一时期的彭浣，不可避免地卷入到这一争斗当中，或为朝廷出力，或为节度使卖命，或为理想而担纲。但志文稍许有些瑕疵，如：节度使朱滔的官爵"司徒义阳公"就写得不太准确，应为"司徒通义郡王"，这里应以史正志。而写到彭浣之祖父彭杲的官职时，有故意漏载"南海郡太守"之嫌，用以躲避其"坐赃，决杖，长流溱溪郡，死于路"的最终下场。

该志记载的内容涉及到唐代幽州潞县城址的变迁、人物履历的详实、唐河北藩镇李惟岳的反叛等重要史实，这对于研究今天通州城的历史地理变迁、历史人物的影响及发生在幽州周边地区重大历史事件，都是很好的实物资料。此篇考证对志文内容进行了较为全面的梳理，特别是对志主的家人，以及其在幽州的社会活动，接触到的历史人物，幽州卢龙节度使朱泚、朱滔的称谓等，都进行一定的考证与追述。这对于今天北京史的研究工作，是一个小小的补充。

感谢北京市文物局、北京市文物研究所的领导、同仁，对本篇文章提供资料等方面的支持。在此，深表敬意！

---

① （民国）罗振玉：《京畿冢墓遗文三卷》卷中，民国自刊本，第14－25页。

② （清）刘锡信：《潞城考古录》卷上，上海商务印书馆，1936年，第14页。

③⑤ （清）英良、高建勋修，王维珍纂：《通州志》卷十，光绪五年（1879）刊行，第312页。

④ 《新唐书》卷三十九，中华书局，1975年，第1020页。

⑥ 鲁晓帆：《北京城市副中心出土的两方唐代墓志考释》，《收藏家》2017年第5期、第6期连载。

⑦⑪ 《隋书》卷三十，中华书局，1975年，第857页。

⑧ （清）刘锡信：《潞城考古录》卷上，上海商务印书馆，1936年，第1页。

⑨ 《汉书》卷二十八下，中华书局，1962年，第1623页。

⑩ 《后汉书》卷十四，中华书局，1965年，第3292页。

⑫ （清）刘锡信：《潞城考古录》卷上，上海商

务印书馆，1936年，第5页。

⑬《金史》卷二十四，中华书局，1975年，第574页。

⑭ 大金故宣威将军河东东路第一将正将兼知大和寨事上骑都尉武威县开国子食邑五百户石（宗壁）公墓志铭，金大定十七年（1177）上石。1975年出土于北京通县梨园镇。现收藏于首都博物馆。

⑮（唐）林宝：《元和姓纂》"十二庚"，中华书局，1994年，第621页。

⑯《新唐书》卷四十八，中华书局，1975年，第1276页。

⑰《新唐书》卷四十八，中华书局，1975年，第1235页。

⑱《新唐书》卷三十七，中华书局，1975年，第959-960页。

⑲（唐）杜佑：《通典·职官十四》卷三十二《州郡上》，中华书局，1984年。

⑳《新唐书》卷五十三，中华书局，1975年，第1373页。

㉑（北宋）王钦若等：《册府元龟》卷三十三《帝王部·崇祭祀第二》，中华书局影印本，1960年，第344页。

㉒《旧唐书》卷九，中华书局，1975年，第221页。

㉓ 霍宏伟、董清：《中国国家博物馆藏唐代彭杲银铤考》，《中国钱币》2011年第2期。

㉔《新唐书》卷四十八，中华书局，1975年，第1247页。

㉕《旧唐书》卷三十八，中华书局，1975年，第1389页。

㉖ 御史台精舍碑，碑题"大唐御史台精舍碑铭并序"，碑文十八行，满行三十字，隶书。额题"御史台精舍碑"，二行，行三字，篆书。崔湜撰文，梁升卿书，赵礼刻。碑螭首方座，通高145厘米，宽65厘米，厚13厘米。碑阴、碑侧、前后碑额空处均有题名。唐开元十一年(723)刻立。此碑原立于唐长安御史台，元代移于省衙，现藏西安碑林博物馆。

㉗ 李问渠：《弥足珍贵的天宝遗物——西安市郊发现杨国忠进贡银铤》，《文物参考资料》1957年第4期。

㉘《旧唐书》卷四十八，中华书局，1975年，第2087页。

㉙《新唐书》卷一百二十六，中华书局，1975年，第4418页。

㉚㉞《新唐书》卷四十九下，中华书局，1975年，第1317页。

㉛㉜《新唐书》卷四十三上，中华书局，1975年，第1095页。

㉝《新唐书》卷三十九，中华书局，1975年，第999页。

㉟ 唐故妫州怀戎县令杨（鏻）府君夫人河南达奚氏墓志铭，长庆二年（822）十月上石，1992年出土于北京房山区紫草坞乡大董村。志文见载于《房山墓志》《新中国出土墓志·北京卷》等书籍，墓志现收藏于北京房山区文物管理所。

㊱《新唐书》卷一百六十七，中华书局，1975年，第5115页。

㊲《新唐书》卷二百二十五，中华书局，1975年，第6441页。

㊳《新唐书》卷二百一十二，中华书局，1975年，第5968页。

㊴《新唐书》卷一百三十八，中华书局，1975年，第4621页。

㊵《汉书》卷五十一，中华书局，1962年，第2340页。

㊶《汉书》卷五十八，中华书局，1962年，第2621页。

㊷（清）董浩等：《全唐文》卷四百三十九，中华书局，1983年。

㊸《新唐书》卷三十九，中华书局，1975年，第1020页。

㊹《旧唐书》卷四十四，中华书局，1975年，第1921页。

（作者单位：首都博物馆）

石景山出土元代杨朵儿只墓志考

陈 康

2005年,文物部门在石景山区杨庄村出土了一方元代杨公墓志,现藏模式口田义墓。志石为长方形,汉白玉石质,长77厘米、宽53厘米、厚10厘米,墓志志文楷书,竖排凡57行,满行37字,约2100字。出土时右上角已缺失,局部漫漶,计遗失有12字,志文尚可通读,撰志者是翰林直学士、太中大夫、知制诰、同修国史兼经筵官周伯琦,书丹者为杨公之孙普颜,太常礼仪院郊祀署都监周泰刊,杨氏墓志刻于至正十五年(1355)。

北京地区元代墓志历来罕有出土,北京燕山出版社《北京元代史迹图志》一书所收进的元代墓志仅有8方,未见录入该志。杨公墓志迄今未见有正式的报告。此前,周峰和门学文分别对该墓志和墓主生平事迹有一些研究,本文除对杨朵儿只生平探讨之外,对墓志撰者及志文中的一些地名也做些简单分析,不当之处,祈方家指正。

首先,笔者将杨朵儿只墓志照录如下:

□□□□□□御史中丞夏國楊襄愍公墓誌銘

□□□□丞、特賜思順佐理功臣、金紫光祿大夫、大司徒、上柱國、夏國楊襄

杨朵儿只墓志拓片

愍公，諱朵兒赤氏，□□□居西夏。大父世剌，贈推忠佐運功臣、太保、金紫光祿大夫、柱國、夏國公，謚忠定；父式臘唐（兀台）善騎射，通儒書。中統初，觀世祖，乃命宿衛裕宗東宮，服勤有年，將大用而卒，贈推誠翊戴功臣、太傅、開府儀同三司、上柱國、追封夏國公，謚康靖；祖妣米蕆氏，妣梁氏、趙氏並封夏國夫人。公有兄曰教化，嘗為湖北廉使，未弱冠與公皆以警敏莊重，為隆福太后所知。乃命廉使事武宗，公事仁宗。時二帝皆在潛邸，而公兄弟各以恭謹見任。仁宗如□懷，凡藩邸諸務悉倚辦於公。

大德十一年成宗崩，仁宗將還京師。先遣公及平章李公孟見中書右丞相哈剌哈孫答剌罕決議大事，肅清宮禁然後入。於是武宗即位，而仁宗為皇太子。事定，以公為太子家令丞□。仁宗入朝，規措內外，公左右獨力，嘗賜以所服金束帶，尋進延慶司使。

武宗晏駕，仁宗詔執政之不軌者，欲悉置之法。公進諫曰："古者，刑不上大夫，今初政用重典，非所以撫安天下也，設款伏致罰亦宜有差。"上嘉納之，誅其尤黠人，餘皆有改。禮部尚書時議廢至大銀鈔及銅錢，公言廢銀鈔可，廢銅錢不可，雖不見用，論者多之。遷宣徽副使，上寵遇日隆，乃推恩二代皆一品。時近幸多有請王爵者，或以勸，公曰："吾家本寒族，祖父追封上公既逾分矣，又敢庶彝典、徼殊恩乎？"

有告近侍受賄者，上怒其譖欲誅之，中丞張珪叩頭諫不聽，公言於上前曰："誅告者刑濫，拒諫者義乘，中丞之諫是也，奈何拒直言乎？"事遂釋。居一年，擢侍御史。頃之，拜御史中丞。公益自奮屬，知無不言。他臣侍上，燕間多雍容狎笑，至公在側不整容不見也。繩糾貪墨，未嘗少貸，一時權幸無不斂跡。中書平章張閭以妻病，謁告歸江南，又令家奴據河津取渡人錢。公劾其失大臣體，罷之。江西奉使幹來為奸利敗，權貴為請無不至，

上亦為動，公竟論以法杖之，其人愧死。

監察御史納麟言事忤旨將罪之，公力爭。上欲左遷納麟為昌平縣尹，縣當北巡之路，蓋欲以供頓折困之，又言其不可，上意終不解。明日，上讀《貞觀政要》，歎魏徵之直，公對曰："由太宗能受諫也。"上笑曰："卿意在納麟耶？朕成爾直名。"遂止。

恩州男子董達上書論政得失，宰相奏罪，以訕訕之秋官。公諫曰："下詔求言屢矣，今罪之言者何以示信？"立出之。加昭文館大學士、榮祿大夫，賜以玉帶。公又奏先賢周元公輩十人，宜從祀夫子廟，國學教育人才宜令御史月考其成，及其臺罰布若干緡，建藏書之閣，悉見之行。上嘗欲幸國學，行釋奠禮，公力贊之，既而為執政者所□。

汴豪民作水磑岸，蔡河船不能通，物直踴貴，有司不能制。公聞之即奏，出罰布以庚其費，毀之，民賴以利。諸道憲司歲舉最官，公奏各以內織幣以旌其廉。居二年，遷中政使，未幾複拜中丞。公固辭，上不允曰："耳目重寄，非卿不可！"公建言，臺憲之設所以表，百司而所守之法不一，臣願自世祖以來訓誥條格有關風紀者彙輯成編，以便遵守，制："可。"書成，名曰《風憲宏綱》，鋟梓以行。

丞相鐵木迭兒位中書有年，數為不法。開平富民張弼殺人繫獄，弼母因監奴進賄六萬緡，欲以勢壓有司。公廉得其故，諷御史劾摘其事，捕鞫監奴，事及丞相。公入奏詔收逮甚急，鐵木迭兒惶怖，賄興聖近侍，匿其家求援，皇太后親為上言懇至，上不得已從之，公固執不肯。興聖召公至宮門，責以違旨，公對切直，上恐重傷太母意，即詔臺臣紓其事，罷鐵木迭兒相，罪止坐其監奴杖一百至死。公遂請解印綬，上乃以公為集賢大學士。無何，鐵木迭兒亦為太子太師。臺臣奏事有疑者，上間以問公，公對曰："不敢越職，然有不可不言者。太子，天下本今置

官属，而以貪墨居其端，恐非所以為輔道之具也。"上默然。

延祐七年春正月，仁宗升遐，英皇未嗣大統，百官總已聽命興聖，而鐵木迭兒複相。於是有旨命徽政使失列門、御史大夫禿忒哈即徽政院治之，公與平章蕭公拜住同就獄，大臣訊之曰："汝前者何故違旨不釋丞相？"公聲應曰："臺臣若違旨則斬鐵木迭兒久矣，豈複有今日乎？"有二臺屬旁直之，公口目叱之曰："汝負先朝形同狗彘。"二人俯不敢視，大臣承風旨，二公大罵不絕口。明日，鐵木迭兒自宮門出，傳興聖旨，令力士載出東門外，二公毅然同死。是日，天將暮，大風揚沙，道路以目。方英宗之恤定宗也，公與蕭公素服立文德殿下。公謂蕭公曰："國家大故，宿奸乘隙用事，必於我乎修怨。若有問，悉諉我，從先帝於地下足矣！公老人，當以扶持宗社為念。"蕭公曰："君當盛年效力朝廷，我老矣，死所安也。"不數日果及，中外□之。

公得年四十二，公先室李氏、繼劉氏並封夏國夫人。既沒，鐵木迭兒簿祿其家，劉夫人剪髮毀容，以死自誓獲免，遂與二子窮居口食凡五閱歲，當泰定元年始下詔雪之，詔褒諡之命而悉複其所祿入焉。子二人長曰不華，工楷書，尚氣節，僉河東憲，死"天曆之難"，贈禮部尚書；次文書訥，好學善政，持身清慎，由河東、山東二道憲僉拜監察御史，言事有父風，累遷各道憲使；孫男二人，曰泰安閭、曰普顏。惟公以正學直道，英才勁氣，遭逢明主，秉憲不阿，譽望屹然，及蹈危機終始如一，可謂不負仁廟矣！古所謂死法度之臣者，非公其誰歟？文書訥事母夫人孝行日篤，攀號辟痛，修公墓於京城之西香山里，且狀梗概，請伯琦志諸墓石，以寫其無窮之悲。乃摭而敘之，銘曰：

人生實難，處死不易。偉彼楊公，捨生取義。其義維何？守法以忠。橫逆之來，豈我技窮。昔事仁皇，自懷而京。神器維寧，百度維貞。允矣得君，亦惟逢辰。正色立朝，靡屈不伸。叵測孔任，伺間逞私。星隕岱傾，舉世用悲。維公之能，仁皇是知。維公之死，仁皇是依。有君有臣，達官奚憾。孝子順孫，有隱其窀。大書墓門，以愧奸佞。世守勿替，以觀天定。

翰林直學士、大中大夫、知制誥、同修國史兼經筵官周伯琦撰文
孫男普顏齋沐百拜謹書丹
至正十五年歲次乙未春正月吉日安石太常禮儀院郊祀署都監周泰刊

一、楊氏家族與大夏國

楊公墓誌首題為"□□□□□□承夏國公楊襄愍公墓誌銘"，彼前已缺損6字，即"大元故御史中"。"特賜思順佐理功臣、金紫光祿大夫、大司徒、上柱國、夏國楊襄愍公，諱朵兒赤氏，□□□居西夏。"楊公在《元史》中有傳，《元史》作"楊朵兒只"，與墓誌所載"楊朵兒赤"僅"只"與"赤"字不同。為河西寧夏人，河西寧夏即西夏，楊公乃西夏人，名朵兒只，其兄楊教化事跡，見於《畿輔通志》中虞集所撰《楊教化神道碑銘》。

《楊教化神道碑銘》曰："西夏之歸，在祖宗時，其國人夕已見用。有若式臘唐兀台者，姓楊氏……"楊公家族亦是在夏滅後入元，楊公墓誌載其三代："大父世剌，贈推忠佐運功臣、太保、金紫光祿大夫、柱國、夏國公，諡忠定；父式臘唐（兀台）……贈推誠翊戴功臣、太傅、開府儀同三司、上柱國、追封夏國公，諡康靖"，世剌夫人米蔔氏；式剌唐兀台夫人梁氏、趙氏；楊教化夫人李氏、王氏；楊朵兒只夫人李氏、劉氏皆封夏國夫人。

蒙古憲宗九年（1259），蒙哥汗率軍攻打南宋時，在四川合川釣魚城中箭身亡，次年，蒙古各部在開平舉行忽里台，忽必烈被推為大汗，以中統為年號，使用

有四年，至1264年忽必烈改元至元元年，其时大元尚未立国。

杨公墓志云："式腊唐（兀台）善骑射，通儒书。中统初，入觐世祖，乃命宿卫裕宗东宫，服勤有年，将大用而卒。"式腊唐兀台在中统初得忽必烈赏识，被任为裕宗宿卫，裕宗即真金，忽必烈之第二子，察必皇后所生，幼从姚枢、窦默习儒学，中统三年（1262）封燕王。式腊唐兀台侍卫真金时，其尚未封皇太子，直到至元十年（1273）真金才被封为皇太子。因其为人正直，曾面斥阿合马，后因被世祖猜忌，忧病而亡，真金有三子：甘麻剌、答剌麻八剌和铁穆耳，至元三十一年（1294）铁穆耳在上都登基，是为成宗，改皇太后阔阔真所居旧太子府为隆福宫，故称隆福太后，追谥真金庙号为裕宗、甘麻剌为显宗、答剌麻八剌为顺宗。

杨公墓志与《杨教化神道碑铭》记述的杨氏家族五代世系：

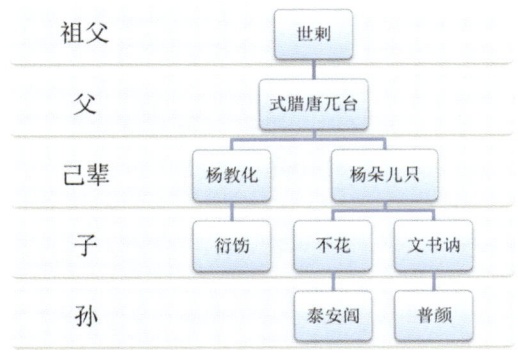

二、杨朵儿只生平事迹

杨朵儿只为元仁宗时人，结衔为御史中丞，御史中丞早在汉代时已设此官名，为御史大夫之两佐官之一，另一为"御史丞"。元代至元五年（1268）设御史台，置御史大夫、御史中丞职，掌纠察百官善恶、政治得失[①]。

杨朵儿只仕途在墓志中记载比较简单，可与《元史•杨朵儿只传》互补。

杨朵儿只何时入朝为官，史书未载，《杨教化神道碑铭》记载，裕宗真金亡故后，隆福太后居东宫，问宫臣："昔式腊唐吾台，事先皇最久且劳，今有子否？"对曰："式腊没，其妻赵氏与二幼子在耳。"乃召见之，教化事武宗，朵儿只事仁宗。

杨公墓志载"公事仁宗"。《元史•杨朵儿只传》记"事仁宗于藩邸。"未明任何职。

"武仁授受"后，爱育黎拔力八达为皇太子，杨朵儿只任太子家令丞。《元史•杨朵儿只传》载："仁宗居东宫，论功以为太中大夫、家令丞，日夕侍侧，虽休沐不至家，众敬惮之。"

进延庆司使。《元史•杨朵儿只传》作"进正奉大夫，延庆使。"延庆使：元设延庆司于詹事院下，掌修建佛寺之事，置有使、同知、副使等职。正奉大夫：从宋代正议大夫改称，元代文散四十二阶之第二十五阶，从三品。

迁宣徽副使。宣徽院：掌供玉食，至元十五年（1278）置院使一员，大德四年（1300）置副使二员。

（居一年）擢侍御史。侍御史：西周时为太史寮之重要职官，东汉始为专职监察官。

顷之，拜御史中丞。《元史•杨朵儿只传》："拜资德大夫，御史中丞。"资德大夫：金代设的文阶之制，以正三品上曰资德大夫，元代升为正二品，为文散四十二阶之第九阶。

特加昭文馆大学士、荣禄大夫。元设荣禄大夫为从一品之阶官。

（居二年），迁中政使。《元史•杨朵儿只传》作"迁中政院使"。中政院：掌中宫财赋、营造、供给，并番卫之士、汤沐之邑，元贞二年（1296），始置中御府，大德四年，升中政院，至大四年（1311）省，并入典内院，皇庆二年（1313）复为中政院，秩正二品，院使七员，正二品。

（未儿），复拜（御史）中丞。

为集贤大学士。集贤大学士：集贤院为唐代文学三馆之一，有学士、直学士、修撰等官。元初以集贤院与翰林国史馆合署，置大学士五人。

《元史·杨朵儿只传》中对其多有评价：

武宗闻其贤，召见之，仁宗曰："此人诚可任大事，然刚直寡合。"……仁宗始总大政，执误国者，将尽按诛之，朵儿只曰："为政而尚杀，非帝王治也。"帝感其言，特诛其尤者，民大悦服。帝他日与中书平章李孟论元从人材，孟以朵儿只为第一，帝然之，拜礼部尚书。

现存元代之法令类典籍有《大元圣政国朝典章》《大元通制》残卷。《大元通制》乃仁宗时，为各级官吏决狱断讼制定标准，旨令历朝颁发相关法令文书，斟酌损益、类集折衷汇辑成书，其纲有三：一制诏，二条格，三断例。今仅存"条格"部分，相较杨公墓志中有《风宪宏纲》一书，似应为《大元通制》中"制诏"之纲，《风宪宏纲》乃仁宗之前有关监察制度的文献汇编，今已亡失，仅存马祖常所作序一篇。之前，只知《风宪宏纲》为赵世延所辑，然在杨公墓志中明确提到"公建言：'台宪之设所以表百司，而所守之法不一，臣愿自世祖以来训诰条格有关风纪者汇辑成编，以便遵守。'制：'可。'书成，名曰《风宪宏纲》，锓梓以行。"杨朵儿只墓志可补史之不足。

杨朵儿只为人正直，凡见不平之事，不惜犯上力谏，为仁宗赏识，仁宗将其比作魏徵。"复拜中丞时，公固辞，上不允，曰：'耳目重寄，非卿不可。'"《元史》中除《杨朵儿只传》外，其事迹在《萧拜住传》《贺胜传》《张珪传》中也都有记载。

张珪是何许人？据《元史·张珪传》："字公端，弘范之子也，……（至元）二十九年入朝，……武宗即位，召拜太子谕德……仁宗时在东宫，曰：'必欲得真中丞，惟张珪可。'"②《杨朵儿只传》："有言近臣受贿者，帝怒其非所当之，将诛之，时张珪为御史中丞，叩头谏，不听，朵儿只言于帝曰：'诛告者，失刑；违谏者，失谊；世无诤臣久矣，张珪，真中丞也，奈何拒直言乎？'"

杨朵儿只任御史中丞后更加是"益自奋厉，知无不言"。

监察御史纳麟言事忤旨，将罪之，公力争。上欲左迁纳麟为昌平县尹……又言其不可，上意终不解，明日，上读《贞观政要》，叹魏徵之直，公对曰："由太宗能受谏也。"上笑曰："卿意在纳麟耶？朕成尔直名。"遂止。

纳麟为名臣高智耀之孙，大德六年（1302）由丞相哈剌哈孙答剌罕荐入备宿卫，大德十年（1306）除中书舍人，至大四年迁宗正府郎中，皇庆元年（1312）擢佥河南廉访司事③。

恩州（今山东平原县西恩城镇）男子董达上书论政得失，宰相奏罪以讪，囚之秋官，公谏曰："下诏求言屡矣，今罪言者，何以示信？"

杨朵儿只在朝不仅极力支持谏臣，而且对奸臣、恶霸亦毫不手软。

中书平章张闾以妻病，谒告归江南，又令家奴据河津取渡人钱，公劾其失大臣体，罢之。

江西奉使斡来为奸利败，权贵为请无不至，上亦为动，公竟论以法杖之，其人愧死。

汴（今河南开封）豪民作水口岸，蔡河船不得通，物直踊贵，有司不能制。公闻之，即奏，出罚布以庚其费，毁之，民赖以利。

杨朵儿只为人谦恭、无私，对名利淡然处之。据《元史》本传："时位一品者，多乘间邀王爵赠先世。或谓朵儿只眷倚方重，苟言之，当可得也。"朵儿只曰："家世寒微，幸际遇至此，弗称，尚敢求多乎！且我为之，何以风厉侥幸者。"

杨朵儿只生活的时代，贯穿了元成宗、元仁宗、元武宗三朝，元代中期发生的三大历史事件都有杨朵儿只参与："武仁授受"；废至大银钞、铜钱之议；弹劾铁木迭儿。

（一）"武仁授受"

此事发生在元成宗时，元代皇位继承，大体为兄终弟及，成宗有二子：海山、爱育黎拔力八达，二人系同母兄弟。杨公墓志云："公有兄曰教化，尝为湖北廉使，未弱冠与公皆以警敏庄重，为隆福太后所知。乃命廉使事武宗，公事仁宗。"大德九年（1305）成宗病重，皇后卜鲁罕秉政，逼爱育黎拔力八达与母移住怀州（今河南沁阳），大德十一年（1307）成宗崩，"左丞相阿忽台、平章八都马辛、前中书平章伯颜、中政院使怯烈道与等潜谋推成宗皇后伯要真氏卜鲁罕称制，安西王阿难答辅之"。此时，怀宁王海山远在也儿的失河（今额尔齐斯河），故丞相哈剌哈孙星夜急告爱育黎拔力八达回京，擒阿忽台、阿难答等，"责以乱祖宗家法"④杀之。

平定卜鲁罕、阿难答之乱。此时，诸王进言爱育黎拔力八达，应早正大位，爱育黎拔力八达曰："王何出此言也！彼恶人潜结宫壶，构乱我家，故诛之。岂欲作威觊望神器耶，怀宁王，吾兄也，正位为宜。"⑤海山即位，封爱育黎拔力八达为皇太子，相约皇位"兄终弟及，叔侄相传"。

在"武仁授受"中，核心人物是哈剌哈孙和李孟。哈剌哈孙，斡剌纳儿氏，勋臣启希礼答剌罕曾孙，至元九年（1272）充怯薛宿卫，"怯薛"在蒙语中是番值护卫之意，即护卫军，袭封世袭的"答剌罕"，大德七年（1303）进中书右丞相。大德十一年，成宗驾崩，此时武宗带兵在北边，"仁宗侍太后在怀庆，奸臣谋断北道，请成后垂帘听政，立安西王阿难答，哈剌哈孙密遣使北迎武宗、南迎仁宗，悉收京城百司符印、封府库，称疾卧阙下，内旨日数至，并不听，文书皆不署，众欲害之，未敢发……明日，迎仁宗入，执左丞相阿忽台及安西王阿难答等就诛，内难悉平"⑥。在"武仁授受"中起到关键作用的还有李孟。"李孟，字道复，潞州上党人，曾祖执，金末举进士"⑦。

"武仁授受"一事在《元史·杨朵儿只传》中有详细记载："大德丁未，从迁怀孟。仁宗闻朝廷有变，将北还，命朵儿只与李孟先之京师，与右丞相哈剌哈孙定议，迎武宗于北藩。仁宗还京师，朵儿只讥察禁卫，密致警备，仁宗嘉赖焉，亲解所服带以赐。"⑧

杨朵儿只墓志曰："大德十一年成宗崩，仁宗将还京师，先遣公及平章李公孟见中书右丞相哈剌哈孙答剌罕决议大事，肃清宫禁然后入。于是武宗即位，而仁宗为皇太子。"

而虞集撰《杨教化神道碑铭》的记载却是："……答剌罕忠献王哈剌哈孙持重不发，遣信使趣仁宗还镇京师，以迎武宗皇帝。仁宗得报，未即就道，公适在京师，昼夜疾驰，见仁宗曰：'天子在北方尚远，事急矣，不于此时还京师，宗庙社稷之所系，间不容发，尚迟徊耶？'即遣李孟、朵儿只乘传以先，不数日入朝定大难，迎武宗即位。"⑨

（二）废至大银钞

《杨教化神道碑铭》称："初，尚书省改作至大银钞，视中统一当其二十五，又铸铜为至大钱，至是议罢之。"《元史》中也有相关记述："法有便否，不当视立法之人为废置。银钞固当废，铜钱与楮币相权而用之，昔之道也。国无弃宝，民无失利，钱未可遽废也。"⑩

蒙古在未建国前，已发行过"丝会""银钞""交钞"，《经世大典序录·赋录》载，真定军阀史楫曾立有"银钞相权法"，以"诸路所行交钞，亦名诸路行用钞"。到忽必烈时，开始推行中统宝钞，得以长期保持经济稳定。到灭南宋后，出现了严重赤字，至大二年

（1309），至元钞已被全部用光，遂成废币，故武宗于是年九月决定发行"至大银钞"，同时废止中统钞。

武宗至大二年，重设尚书省，尚书省建立后，首先要变更钞法，平章政事乐实、三宝奴提议：为更新民政，改革钞法。武宗信从乐实，以为钞法大坏，下诏印造至大银钞，颁行天下，规定至大钞与至元钞并用，以至大银钞为母，至元钞为子，并停发至元钞，颁行至大银钞二两至一厘，定为银钞分十三等。至大二年十月，武宗以行铜钱法，诏告天下，以解决民间零钞缺乏的问题，同时废止至元钞。并在大都设资国院，于山东、河东（山西）、辽阳（辽宁）、江淮、湖广、四川设6个泉货监，在产铜区设19个提举司，铸至大通宝，一文相当于银钞一厘，大元通宝，一文相当于至大通宝十文。其时，延庆使杨朵儿只谏称至四月，至大银钞、铜钱废止，资国院、泉货提举司皆撤销，尚书省已发各地至大银钞、大铜钱皆按期封存。至大四年正月，武宗崩，仁宗即位，以"倍钱太多，轻重失宜"为由废至大银钞，尚书省撤销，乐实、三宝奴等诛死。

（三）弹劾佞臣铁木迭儿

杨朵儿只任御史中丞时，"慨然以纠正其罪为己任"。他还联合"内外监察御史凡四十余人，共劾铁木迭儿"。他弹劾铁木迭儿"桀黠奸贪、阴贼险狠、蒙上罔下、蠹政害民、布置爪牙、威詟朝野，凡可以诬陷善人、要功利者，靡所不至"⑪。有上都富民张弼杀人系狱，铁木迭儿派家奴胁迫上都留守贺胜释放张弼，为贺胜所拒。此事经调查，杨朵儿只获得其所受弼赃钜万万之罪证及偷看国史、占夺晋王田产、接受伊利汗合儿班答使者贿赂钞十四万贯，御史亦辇真又发其私罪二十余事。

帝怒，"击碎太师印，散诸左右。"有诏逮问。铁木迭儿虽去君侧，反得为东宫师傅，为其日后翻案留下伏笔。

铁木迭儿，成宗大德时为同知宣徽院事兼通政院使，武宗时为宣徽使，仁宗尚在东宫时，皇太后答己在兴圣宫有旨，召铁木迭儿入中书，居首相位，倡预买盐引、括田江南，引发赣州蔡五九起义，激起众怨，有御史中丞杨朵儿只为首的内外监察御史四十余人联名弹劾其"怙势贪虐"罢其相位。英宗即位后，因兴圣太后庇佑，复为丞相。其时萧拜住由御史中丞为中书右丞，寻拜平章政事，牵制之。杨朵儿只自侍御史拜御史中丞，乃是英宗以其二人对铁木迭儿制衡⑫。

三、杨朵儿只之死

仁宗崩，铁木迭儿复相，乃宣太后旨，召萧拜住、朵儿只至徽政院，与徽政使失里门、御史大夫秃忒哈朵问之，责以前违太后旨之罪，朵儿只曰："中丞之职，恨不即斩汝，以谢天下。果违太后旨，汝岂有余日耶！"铁木又引同时为御史者二人，证成其狱，朵儿只啐之曰："汝果尝得吝风宪，乃为是犬事耶！"杨公墓志对杨公之死有详细的记载，第二节中已叙述了杨朵儿只弹劾铁木迭儿一事，不再赘叙。"延祐七年春正月，仁宗升遐，英皇未嗣大统，百官总已听命兴圣，而铁木迭儿复相。于是，有旨命徽政使失列门、御史大夫秃忒哈即徽政院治之，公与平章萧公拜住同就狱。"兴圣，这里指成宗后弘吉剌氏南必，答己为纳陈那颜之孙仙童之女、察必皇后侄女，为海山、爱育黎拔力八达之母，武宗即位，尊为皇太后，因居兴圣宫，故称兴圣太后。彻里的儿子失列门直宿卫。致和元年（1328）秋八月，从知院脱脱木儿至潮河川，获完者八都儿、爱的斤等十二人，戮八人，执一人，归京师。覆于宜兴遇失剌、乃马台等，迎战，奋戈击死二人，以功赏白金、币。天历元年（1328）……复以功受赏。从战蓟州，以功授左卫阿速，亲军指挥使司佥事。

墓志载:"公与萧公素服立文德殿下。公谓萧公曰:'国家大故,宿奸乘隙用事,必于我乎修怨。若有问,悉诿我,从先帝于地下足矣!公老人,当以扶持宗社为念。'萧公曰:'君当盛年效力朝廷,我老矣,死所安也。'"《元史·萧拜住传》:"英宗即位之十有九日,右丞相铁木迭儿怨拜住在省中牵制其所为,又发其奸赃、专制等事,遂请依皇太后旨,并前御史中丞杨朵儿只皆杀之。帝曰:'人命至重,刑杀非轻,不宜仓卒。二人罪状未明,当白太后,使详谳之,若果无冤,诛之未晚。'"萧拜住,"泰定间,赠守正佐治功臣、太保、仪同三司、柱国,追封蓟国公,谥忠愍。拜住之死,有吴仲者,潜守其尸,三日不去,竟收葬之"[13]。

《元史·贺胜传》中提到:"……及英宗即位,在谅闇中,铁木迭儿遂复出,据相位,乃执杨朵儿只及中书平章政事萧拜住,同日戮于市。"[14]因此事同赴死的有三人,即:平章萧拜住、上都留守贺伯颜及杨朵儿只。

《元史》载萧拜住、杨朵儿只行刑时,大都城"风沙晦冥,都人汹惧,道路相视以目"。在杨朵儿只死后,铁木迭儿仍不罢休:"簿录其家……刘夫人剪发毁容,以死自誓获免,遂与二子穷居力食凡五阅岁。"

杨朵儿只是在延祐七年(1320)赴死,于泰定元年(1324)才被平反昭雪,而墓志则记述比较简单,志云:"当泰定元年始下诏雪之,诏褒谥之命而悉复其所录入焉。"另有"集贤大学士张珪、中书参议回回,皆称萧、杨等死甚冤,是至不雨,闻者失色,言终不得达"。在《张珪传》中曰:"弭灾,当究其所以致灾者。汉杀孝妇,三年不雨,萧、杨、贺冤死,非致渗之端乎!死者固不可复生,而情义犹可昭白,毋使朝廷终失之也。"[15]

回回与弟巙巙皆为当朝名臣,史称"双璧",耆学能文,成宗朝宿卫,擢太常寺少卿,太尉纳璘为郎中,每格不下,丞相怒,欲出之。回回崇其贤,抗章举任风宪。

四、"天历之难"

墓志云:"子二人,长曰不华,工楷书,尚气节,金河东宪,死'天历之难',赠礼部尚书。"《元史》对其有详尽的记述:"不花,幼有才气,能以礼自持,好读书,善书。初仁宗闻而召之,应对称旨,欲以为翰林直学士,力辞。……转金河东廉访司事。尝出按部民,有杀子以诬怨者,狱成。不花谳之曰:'以十岁儿,受十一创,且彼以斧杀怨,必尽其力,何创痕之浅,反不入肤耶!'遂得其情,平反出之。河东民饥,失捐已赀以赈,请未得命,即发公廪继之,民遂赖不死。"[16]

大元初创,"遂命刘秉忠、许衡酌古今之宜,定内外之官,其总政务者曰中书省,秉兵柄者曰枢密院、司黜者曰御史台……其次在内者,则有寺、有监、有卫、有府;在外者,则有行省、有行台、有宣慰司、有廉访司。"廉访司,全称肃政廉访司,职掌司法、监察之地方官署,元初设提刑按察司,至元二十八年(1291)改按察司为肃政廉访司[17],设二十二道,每道置廉访使、副使各二员。

天历初,文宗入继大统,除通政院判,将行,值陕西诸军拒诏,郡邑守吏,率民逃之。不花独率众人出彻,呼西人谕之曰:"民者,祖宗艰难所致,国家大事,何与于民。汝等既昧逆顺,又欲残此无辜,吾有为民死尔,不汝从也。"阵溃,遂见杀,二仆亦见执,曰:"吾主既为国死,吾纵为人奴,今苟得生,他日何以见吾主于地下,不若死从吾主。"史称"天历之难",也称"两都之战"。

致和元年(1328),泰定帝卒于上都(今内蒙古正蓝旗东闪电河),金枢密院事燕铁木儿留守大都,与西安王阿剌忒纳失里谋立武宗子,怀王图贴睦尔为帝,"有不顺者斩"。上都方面闻悉大都兵变,分道南下,攻打京师,大都方面,图贴睦尔已即位,是为文宗,上都方面立泰定帝子阿剌吉八为帝,是为天顺帝,形成北南对峙,两方之军沿长城一线激战多日。

五、该墓志的撰志者

为杨朵儿只撰志的是周伯琦。周伯琦,字伯温,饶州(今江西饶州市)人,伯琦仪观温雅,粹然如玉,虽遭时多艰,而善于自保,博学,工文章,而尤以篆、隶、真、草擅名当时。"帝以伯琦工书法,命篆'宣文阁宝',仍题扁宣文阁,及摹王羲之所书《兰亭序》、智永所书《千文》……尝著《六书正伪》《说文字原》二书,又有诗文稿若干卷"[18]。

太常寺礼仪院郊祀署都监周泰刊,太常寺礼仪院:掌大礼乐,祭享宗庙、社稷,封赠谥号等事,秩正二品下,置有太庙、郊祀、社稷、大乐四署。

六、墓志中几个地名和香山乡杨庄

在"武仁授受"中涉及到一个地名:怀州,同时出现了三个不同名称,即怀州、怀孟、怀庆。《元史·仁宗纪》记为"怀州"、《元史·哈剌哈孙传》为"怀庆"、《元史·杨朵儿只传》《杨教化神道碑铭》《元史·李孟传》作"怀孟"。宪宗六年(1256),世祖在潜邸,以怀、孟二州为汤沐邑,七年(1257),改怀孟路总管府,延祐六年(1319)"仁宗潜邸改怀庆路"。朵儿只之子文书讷"由河东、山东二道宪金拜监察御史,累迁各道宪使"。国初,立提刑按察司四道,曰:山东东西道,在济南路置司;河东山西道,在冀宁路置司。

墓志出土地杨庄位于石景山区中部地区,西邻杨庄大街,原本在杨庄建有清于成龙家族墓园,故之前皆认为杨庄系因有于成龙墓园,而由坟户繁衍成村。《石景山地名志》中记载:"(杨庄)村西现有一庙曰'五圣宫'……《续文献通考》称明洪武三年(1370),朱元璋忽念随其出征的阵亡将士多已无后,其灵无依,遂令各地建尺五小庙以祀之。以此推断该村历史当在元朝末年。"[19]而有关杨庄村名由来、成村年代,却并无定论。

墓志云"修公墓于京城之西香山里。"此地还有李孟墓,"李魏公孟墓,在县西北香山石井村"[20]。虞集《杨教化神道碑铭》中记载杨教化"以延祐二年四月某日葬宛平香山乡之皇华原"。此外还有王倚、欧阳玄等元朝名臣之墓,都指向了这片地区。唯2005年在杨庄出土了杨朵儿只墓志后,表明杨庄村确是在元代形成,而且至少是在元中期,杨庄得名也是因杨公墓就葬于此,很可能以坟户繁衍成村。

宛平之县名始见于辽开泰元年(1012),辽改南京为燕京、幽州府为析津府、幽都县为宛平县,"宛平"之名取东汉刘熙《释名》:"燕宛也,宛然以平之意。"金袭辽制,元又改金中都为大都,宛平县名因之,属大都路,乃大都之"附廓县"。元代时宛平县之下的村乡,一改唐、辽以来之名,出现了一批新的乡名,其中就有香山乡。杨公墓志为元中期的历史提供了许多真实、可靠的例证,具有一定的史料价值。

---

①《元史》卷八十六《百官志二》,中华书局,1973年,第2177页。

②《元史》卷一百七十五《张珪传》,中华书局,1973年,第4071—4073页。

③《元史》卷一百四十二《纳麟传》,中华书局,1973年,第3406页。

④⑤《元史》卷二十四《仁宗纪》,中华书局,

1973年，第536页。

⑥《元史》卷一百三十六《哈剌哈孙传》，中华书局，1973年，第3294页。

⑦《元史》卷一百七十五《李孟传》，中华书局，1973年，第4084页。

⑧《元史》卷一百七十九《杨朵儿只传》，中华书局，1973年，第4151页。

⑨（清）李鸿章：《畿辅通志》载虞集《杨教化神道碑铭》。

⑩《元史》卷一百七十九《杨朵儿只传》，中华书局，1973年，第4152页。

⑪《元史》卷二百五《奸臣传》，中华书局，1973年，第4579页。

⑫《元史》卷二百五《奸臣传》，中华书局，1973年，第4578页。

⑬《元史》卷一百七十九《萧拜住传》，中华书局，1973年，第4157页。

⑭《元史》卷一百七十九《贺胜传》，中华书局，1973年，第4151页。

⑮《元史》卷一百七十五《张珪传》，中华书局，1973年，第4074页。

⑯《元史》卷一百七十九《杨朵儿只传》附《不花传》，中华书局，1973年，第4155页。

⑰《元史》卷八十六《百官志二》，中华书局，1973年，第2180页。

⑱《元史》卷一百八十七《周伯琦传》，中华书局，1973年，第4296—4297页。

⑲石景山区地名志编纂委员会：《石景山区地名志》，北京科学技术出版社，1991年，第33页。

⑳《光绪顺天府志·地理》，北京古籍出版社，2001年，第842页。

（作者单位：石景山区文化委员会）

探寻明代驿站"榆河驿"

高建军

明代前期,北京到宣化、大同等地的京北交通古道是出德胜门向北,过清河朱房村、唐家岭、榆河店、双塔店、土城、辛店、龙虎台至南口,再至居庸关。在这条古道上,自汉代以来就分布着许多古代城址和村落。明代中期以后,由于昌平县城址从旧县村东移至永安城以及昌平天寿山皇陵葬入皇帝数量的增多,北京至昌平的交通线东移到清河至沙河镇一线,这条古道才逐渐被冷落。

一、榆河驿的设置

明代京北第一驿站"榆河驿"设置在京北古道昌平县界内的榆河店。它与明代通州的"潞河驿""和合驿",房山良乡的"固节驿",延庆的"居庸关驿"等都多次出现在历史典籍中。北京到宣化、大同、张家口一线是防范北元骚扰京师的重要防线,在这条线路上密布有榆河驿、居庸关、岔道口、榆林驿、怀来城、土木驿、保安新城、鸡鸣驿等驿站。驿站的职能是接送使客,运送物资,传递军情。由于地区差异,驿站工作的繁重程度也不一样,内地要比边境地区繁重,京畿地区要比内地繁重。位于京北昌平县的榆河驿是出德胜门五十里之后的第一所驿站,该驿站驿递任务十分繁重,来往宣化、大同、张家口等地的人员物资都要在榆河驿休息和补充粮草。洪武二十七年(1394),隆庆卫设立榆河驿、居庸驿、榆林驿、土木驿,其中榆林驿、土木驿各有堡城一座。明《西关志》记载:"居庸关等四驿原额走递甲卒一千三百七十三名:居庸驿马站甲军一百二十人,步站甲军三百零八名;榆河驿甲军一百六十二名;榆林驿甲军四百二十一名;土木驿甲军三百六十二名。四驿原额走递马驴七百匹头:居庸驿马一百二十匹,驴五十头;榆河驿马一百二十匹,驴五十头;榆林驿马一百二十匹,驴六十头;土木驿马一百二十匹,驴六十头。"[1]驿站由兵部管理,驿站使用的凭证是勘合和火牌。凡需要向驿站要车、马、人夫运送公文和物品都要看"邮符",官府使用时凭勘合;兵部使用时凭火牌。

万历《顺天府志》记载:"榆河驿,旧在榆河店,去州治三十五里,嘉靖三十六年改设本州新城内大街西巷。"[2]

康熙《昌平州志》记载:"榆河驿,旧在榆河店,去州治三十五里。为军驿乃居庸关委千户一员管领军夫一百五十名在驿,接应往来使客,与州无涉。后因道路水冲崎岖,行者以昌平道坦,为使本州百姓罢于供应,至嘉靖三十六年议将该驿改设本州新城内大街西巷,仍用军夫,革去千户,添设驿丞一员,驿书二名,又将协济各处马头挚回本驿应役。顺治二年设驿丞一员,驿书一员,甲夫一百名,驿马五十匹,马夫二十名。顺治十六年,榆河驿被裁,驿务悉归本州管辖。"[3]

为了便于人员往来榆河驿,明代在榆河上建造了桥梁。明正统十四年(1449),明廷派遣工部右侍郎王永寿祭祀司土之神,祭祀告知神灵榆河等处的永福、永宁等桥修造完毕。

《西关志》记载："永宁桥在关城（居庸关）南四十里，跨双塔河，桥虽尚存，而水不由故道。""永通桥在关城南六十里，跨榆河，桥虽存，而水由别道。"④根据现代实地考证：永宁桥，桥址在海淀区上庄镇双塔村北约700米的北沙河（双塔河）上。永福桥即是榆河桥，在海淀区西玉河村北约500米，南玉河村南2里处的南沙河上。原为木桥，清康熙年间，因大学士明珠葬于附近，其家人重修此桥。为五孔花岗岩平面石板桥。桥长22米，宽5.75米，残桥在1991年被拆除。永通桥，又称马坊桥，在海淀区上庄村南1里处的南沙河上。

二、榆河店的地理位置

榆河是现今的海淀区南沙河，从元代开始南沙河被称为榆河，北沙河被称为双塔河。明代史料只是记载了榆河店的方位，具体地址不详。从古代沿河分布的村店形成起源上分析，榆河店最初是由榆河岸边渡口的客舍或者栈房发展而来的。辽金以后榆河渡口作为京北重要交通节点的重要性逐渐体现出来，在渡口周边自然而然地有了摆渡船夫居住，恶劣天气又使来往客人迟滞渡河带来了客舍的出现，逐渐地形成了一定规模的村店。清代榆河店成为两个村落，即大榆河村和小榆河村。新中国成立后又出现了南玉河村、北玉河村、西玉河村、东玉河村四个玉河村。光绪《昌平州志》记载："大榆河，距城二十五里。东至沙河店八里，南至小榆河三里，西至皂角屯半里，北至永太庄半里。东南至老牛湾二里，西南至上庄三里，东北至梅所屯三里，西北至小营二里。""小榆河，距城二十五里。东至老牛湾二里，南至皇后店一里，西至上庄村三里，北至大榆河三里。东南至小牛房三里，西南至大牛房二里，东北至安济桥八里，西北至皂角屯三里。"州志又称南沙河"东南经大小榆河两村之间"⑤。从以上资料不难看出大榆河村在南沙河北岸，小榆河村在南沙河南岸。

迄今为止，在南沙河北岸分布有海淀区上庄镇的北玉河村和南玉河村，南岸分布有海淀区西北旺镇的东玉河村和西玉河村。这四个玉河村哪个是昔日的大榆河村和小榆河村呢？通过研读《海淀区地名志》⑥，笔者得知位于南沙河南岸的西玉河村原为小榆河村，1948年改称为西玉河村，村北南沙河上有明清两代的榆河桥（清代的永福桥）。东玉河村是1948年合并公主坟、袁家坟、果庄子、张庄子、刘庄子五个自然村组成的东玉河村。南沙河北岸的南玉河村在北玉河村东南1里，距离南沙河北岸约2里，隔南沙河与西玉河村遥相对望。民国二十五年（1936）的冀东分县地图（昌平县）中南玉河村被标注为大玉河，北玉河村标注为北玉河，西玉河村标注为小玉河。从以上资料不难看出，大榆河村即是民国二十五年昌平县地图标注的大玉河亦即南玉河村。

明代的榆河驿在榆河店，榆河店究竟是指南沙河北岸的大榆河村还是南岸的小榆河村呢？在清末麻兆庆《昌平外志》中记载着这样一段话，他说："南沙河迳小榆河村北，大榆河村南，明之榆河驿，即此村也。"⑦按此句文意推断，榆河驿应该指前一个名词"大榆河村"。从此段记载我们可以得知明代的榆河驿设置在大榆河村，大榆河村即是明初的榆河店，榆河店即是如今的南玉河村（见图一）。

现代部分学者认为大榆河村是当今的北玉河村，其根据是北玉河村南的关帝庙中有雍正年间重修关帝庙石碑，碑文记载该庙是大榆河关帝庙。海淀区学者徐征认为："清康熙年间权臣明珠在皂角屯村的明府花园和思源庄，都是在前朝留下的建筑基址上重建的。思源庄和明府花园的三合土围墙应是元时期皂角捺钵的遗迹。在明朝时，又是榆河驿粮仓所在地。"⑧这种观点的形成显然受到了北玉河村南的大榆河关帝庙碑文的影响，由于此关帝庙是大榆河村的关帝庙，进而认为北玉河村是大榆河村，进一步又把皂角屯村西北的明府花园和思源庄认为是榆河驿粮仓旧址。另据光绪《昌平州志》记载大榆河村距离小榆河村为3里，现代的南玉河村距西玉河村也恰好是3里，如果以北玉河村作为大榆河村，那么北玉河村距离西玉河村足有8里之遥，这样就与光绪《昌平州志》记载的两村距离不符。

明代榆河店地区除有隆庆卫设置的榆河驿之外，还有昌平县衙在此地设置的皂角急递铺与榆河急递铺。以南玉河村南1里（明代榆河店），榆河桥北600米处的榆河急递铺烟墩（烽火台）遗址向西北行10里恰好是皂角屯村北的东小营村烟墩遗址（皂角急递铺），此距离恰恰符合十里设一铺、每铺设烟墩一台的记载。北玉河村在皂角屯村东北，两村之间相隔半里，现代实地考察两村之间仅以一条南北走向的街道为界，街西是皂角屯村，街东是北玉河村，如果以北玉河村为大榆河村，也不符合皂角急递铺与榆河急递铺之间的距离要求。

榆河驿设置在榆河店（南玉河村），距离榆河（南沙河）北岸约2里。有部分学者认为榆河驿曾经设置于双塔河以北的昌平区马池口镇土城村。土城村在海淀区双塔村北4里，北沙河（双塔河）北岸。有夯土筑建的土城一座，土城南北长750米，东西长500米。《西关志》中明确记载榆河驿无城堡建筑，历代昌平地方志也无该驿曾经在土城村的记载。明嘉靖二十九年（1550），右副都御史兼巡抚大同王忬上书明廷建议在榆河驿修建城堡，储存粮草。因榆河驿东15里已经新建了巩华城，其建议没有被采纳。榆河驿作为出京第一驿，如果曾经发生过迁驿或者建筑城堡等事件，地方志应该有记载，相同时期的榆林驿迁址和重修在《西关志》中就有明确记载。

榆河驿自洪武二十七年设置一直属于驻守居庸关的隆庆卫（延庆卫）管辖，早期是由隆庆卫委派百户官2员，后期随着榆河驿事务的繁重又改派千户官管理。繁胜之时榆河驿驻扎有数百名官兵和民伕。《西关志》记载隆庆卫在榆河驿附近也设立了榆河军屯，派兵屯田耕种，保证驻守在榆河驿人员的粮食供应。数百名官兵和民伕携带家属在榆河驿生活服役，渐渐地在榆河店扎下了根。隆庆卫为了使官兵安心服役，在榆河驿还设置了教授官兵子弟的学校（榆河社学），由隆庆卫聘请3名教书先生教授小学、《论语》、律令等。

榆河驿日常事务是接待使客住宿休息，为来往的官员运送行李。正统十二年（1447）蒙古瓦剌部落迤西的回回人迭力必失跟随瓦剌使臣到明廷进贡，回程时途经榆河驿，因其不愿随瓦剌使者返回蒙古，从榆河驿逃回了北京城，要求在京居住，明廷答应其请求，为其安排职务和房屋。景泰二年（1451），土木堡事变后，明朝与蒙古瓦剌关系有所缓和，瓦剌派知院参政完者脱欢等五人，来到明廷请和，景泰帝派侍郎李实为正使，随同完者脱欢一同返回蒙古讲和。出京第一天夜宿榆河驿，景泰帝命光禄寺在榆河驿设酒宴款待蒙古使者，李实从蒙古返京又途经榆河驿。弘治十五年（1502），征虏大将军保国公朱晖、监督太监苗达率军征讨入侵固原等地的北元军，回返京城，明孝宗命内臣携带羊酒到榆河驿犒劳明军。

榆河驿站内建有客舍、官厅，还建有仓房，负责收储附近屯田上交的粮草，交由户部派发。弘治年间李梦阳出仕任户部主事，他性格刚直不阿，其户部主事职责是监税居庸关、倒马关、紫荆关三关的仓粮，因执法严格，触犯权贵利益，曾被诬陷榆河驿仓粮短缺而下狱。据李梦阳《下吏》诗自注："弘治辛酉年，坐榆河驿仓粮。"崔铣《江西按察司副使空同李君墓志铭》中说："常监三关，招商，用法严，格势人之求，被构下狱，寻得释。"由上资料可知，榆河驿站的仓粮由明廷户部管理和监督使用。

三、榆河驿遗迹

榆河驿自明嘉靖三十六年（1557）迁移到昌平县永安城距今已经有460多年，岁月变迁之后的榆河驿遗址在南玉河村已经没有当年遗迹。访问村中长者没有人知道这里曾经是驿站，只有数位老者依稀记得村名曾为大榆河。笔者手持民国四年（1915）的村落民居地图，在张姓老人热情带领下找到了南玉河村去往皂角屯、双塔村的老官道。官道两边的古井、茶棚一一呈现在眼前。数位老者告诉笔者，北玉河村是民国初期的大榆河村民为了便于耕种村北的耕地，移居到村北才形成今天的北玉河村。新中国成立前，南玉河村西北方向没有去往北玉河村、永泰庄村的官道，村里只有一条东西方向的官道通往皂角屯村。从皂角屯村东向北沿261医院西墙外的官道经过龙王圣母庙、永泰庄的东岳行宫庙，然后西北行至白水洼村才能到双塔村。笔者经过走访得知，南玉河村东的民居是解放以后因人口增加形成的，村西的民居才是大榆河村的原址。在村西处处可见石构件、城砖、铺地方砖等古旧建筑构件。榆河石桥通往南玉河村的南北向官道就在村子中央，官道西侧是原始民居，东侧在中华人民共和国成立前是耕地。官道西侧有部分民居坐落在一块地势高凸的台地上，台地高于其周围民居约有1米，村民称此处为"坎上"。台地南北长300米，东西长200米，台地周边民居处散落有条石构件、城砖等。官道在台地北侧东西方向分支，向西形成通往皂角屯村、向东形成通往沙河巩华城的两条官道。官道向西拐弯处道北有古井一眼，井台、花岗石水槽保存完好，据村民讲述，井边曾经有一块汉白玉石碑，已下落不明。笔者推测此处台地应是榆河驿遗址，为避免水患，榆河驿的选址应该选在地势较高处，台地上的建筑物使人从远方较易看到，也易于辨认。

作为明代一个典型的京北驿道和驿

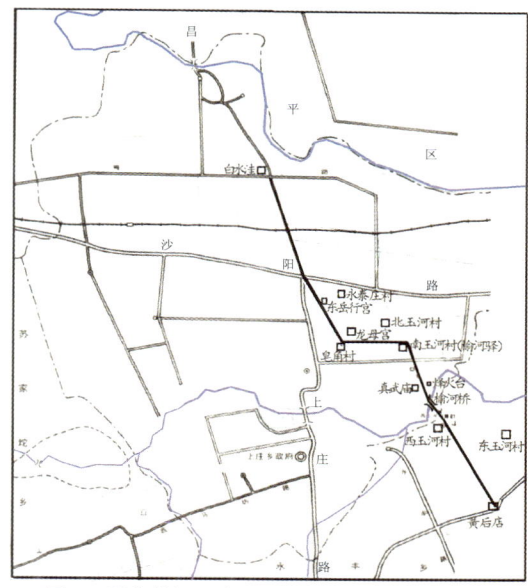

图一　明代榆河驿地理位置及其周边驿道示意图
（绘图：王春）

站，研究榆河驿可以发掘明代驿站的基本元素，也可通过榆河驿站进而探寻明代北方的军事防御体系。随着北京史地研究工作的深入，旧村改造配合考古发掘，明代榆河驿的历史研究成果也会不断地呈现出来。

---

①（明）王士翘：《西关志》，北京古籍出版社，1990年，第31-32页。

②万历《顺天府志》卷二《营建志》，北京图书馆藏明万历刻本，第64页。

③中国地方志集成《北京府县志辑·康熙昌平州志》，上海书店出版社，2012年，第19页。

④（明）王士翘：《西关志》，北京古籍出版社，1990年，第87页。

⑤（清）缪荃孙、刘万源等：光绪《昌平州志》，北京古籍出版社，1989年，第137页。

⑥《海淀区地名志》，北京出版社，1992年，第207页。

⑦（清）麻兆庆著，姜纬堂校理：《昌平外志校理》，北京燕山出版社，1991年，第56页。

⑧参见永泰庄村的纳兰纪念馆中展示的纳兰庄园研究文稿。

（作者单位：首钢石景山园区管理处）

历代帝王庙从祀名臣制度研究

李春莲

文臣武将，在朝代更迭、历史发展中起到了重要作用。正如雍正帝评价那样："爰及历代名臣，亦皆川岳钟灵，为时辅佐，功在社稷，德协股肱"①，他们的忠诚、智慧、谋略和勇敢，不仅是历代帝王实现宏图大业的中坚力量，也是中华民族文化的重要构成。我国很早就有主祀帝王、从祀辅臣的祭祀传统，历代帝王庙则是这一传统的最突出体现。从南京历代帝王庙初建时37位名臣从祀，到最终发展为北京历代帝王庙79位，体现出中华民族对开国与守成名臣的高度重视和对忠诚奉献精神的一贯推崇。现就历代帝王庙从祀名臣制度的历史发展变化谈一些粗浅认识。

一、功臣配享自古便有

（一）功臣配享是宗庙制度之一

汉族古代礼仪分五种：吉礼，用于祭祀；凶礼，用于丧葬；军礼，用于田猎和军事；宾礼，用于朝见或诸侯之间的往来；嘉礼，用于宴会和庆贺。功臣配享属于古代吉礼的一种，是古代大臣凭借自己生前的功绩、威望和官职，在死后得以从祀于帝王的一种宗庙制度。

功臣配享起源甚古，目前与此相关最早记载有："兹予大享于先王，尔祖其从与享之。"②"凡有功者，铭书于王之大常，祭于大烝，司勋诏之。"③大烝是祭名，指冬时祭先王，以功臣配享。

（二）历代帝王庙名臣从祀必不可少

在封建时代，名臣得以配享，是人臣死后最高的荣誉。对于历代王朝而言，治国不单单需要明君，同时还要有贤臣辅佐，二者是相辅相成、缺一不可的。两千多年前的儒家经典中就提出了享祀人物的若干准则，说"夫圣王之制祭祀也。法施于民，则祀之，以死勤事，则祀之，以劳定国，则祀之，能御大灾，则祀之，能捍大患，则祀之"④。同时，还列举了炎帝、黄帝、共工、后稷、颛顼、帝喾、唐尧、虞舜、夏禹、商汤、周文王、周武王等就是"有功烈于民者"，值得后人祭祀。那这些帝王有配祀名臣吗？在《明实录》中有相关史料记载：伏羲以勾芒配，神农以祝融配，黄帝以风后、力牧配。我们再以宋代宗庙为例，太祖庙以功臣赵普、曹彬配享；太宗庙以薛居正、潘美、石熙载配享；真宗庙以李沆、王旦、李继隆配享；仁宗庙以王曾、吕夷简、曹玮配享⑤。由此可见，以祭祀历代帝王为主的历代帝王庙中必不可少要有名臣从祀。

二、历代帝王庙入祀名臣与帝王并不同步

（一）南京历代帝王庙帝王入祀与名臣入祀时间

朱元璋以"驱除胡虏，恢复中华"为口号，推翻了元朝统治，建立明朝。为稳定大局，缓解矛盾，强化家国天下的中华意识和正统地位，朱元璋于洪武六年（1373）在南京创建历代帝王庙。建庙之初，朱元璋选取了三皇五帝和历代开国大一统时帝王18人入祀历代帝王庙，后有所变动，最终定为16人入祀。按礼制来说有

主祀帝王就应有从祀的名臣，洪武二十一年（1388），朱元璋选取了37位历代名臣从祀历代帝王庙。

据《明史》记载：

六年，帝以五帝、三王及汉、唐、宋创业之君，俱宜于京师立庙致祭，遂建历代帝王庙于钦天山之阳。仿太庙同堂异室之制，为正殿五室：中一室三皇，东一室五帝，西一室夏禹、商汤、周文王，又东一室周武王、汉光武、唐太宗，又西一室汉高祖、唐高祖、宋太祖、元世祖。每岁春秋仲月上旬甲日致祭。已而以周文王终守臣服，唐高祖由太宗得天下，遂寝其祀，增祀隋高祖。

七年，令帝王庙皆塑衮冕坐像，惟伏羲、神农未有衣裳之制，不必加冕服。八月，帝躬祀于新庙。已而罢隋高祖之祀。⑥

二十一年，令每岁郊祀，附祭历代帝王于大祀殿。仍以岁八月中旬，择日遣官祭于本庙，其春祭停之。又定每三年遣祭各陵之岁，则停庙祭。是年，诏以历代名臣从祀，礼官李原名奏拟三十六人以进。帝以宋赵普负太祖不忠，不可从祀。元臣四杰，木华黎为首，不可祀孙而去其祖，可祀木华黎而罢安童。既祀伯颜，则阿术不必祀。汉陈平、冯异，宋潘美，皆善始终，可祀。于是定风后、力牧、皋陶、夔、龙、伯夷、伯益、伊尹、傅说、周公旦、召公奭、太公望、召虎、方叔、张良、萧何、曹参、陈平、周勃、邓禹、冯异、诸葛亮、房玄龄、杜如晦、李靖、郭子仪、李晟、曹彬、潘美、韩世忠、岳飞、张浚、木华黎、博尔忽、博尔术、赤老温、伯颜，凡三十七人，从祀于东西庑，为坛四。初，太公望有武成王庙。尝遣官致祭如释奠仪。至是，罢庙祭，去王号。⑦

（二）帝王与名臣入祀时间差异分析

南京历代帝王庙，入祀帝王是洪武六年，从祀名臣是洪武二十一年，二者相差十五年，那这十五年朱元璋做了什么？用四个字概括——"大杀功臣"。

有一段从韩信嘴里说出来的话："狡兔死，走狗烹；飞鸟尽，良弓藏；敌国破，谋臣亡。"⑧说的是刘邦在建立汉朝之后剪除异姓诸侯王、大杀功臣的事，如果把他与朱元璋相比，那简直是小巫见大巫了。

洪武十三年（1380），朱元璋宣布以"擅权植党"罪处死胡惟庸，同时，又罗织一个"胡党"，株连一大批功臣宿将。胡案实际上成为朱元璋整肃功臣的借口，凡是他认为心怀怨望、行为跋扈的大臣，都被加上"胡党"的罪名，处死抄家。开国第一功臣徐达因为一向反对胡惟庸，所以无法牵连进"胡党"，但他也没有幸免。洪武十八年（1385）徐达患上了极为凶险的背疽，按中医的说法，忌吃蒸鹅。朱元璋偏偏派人送一只蒸鹅给他吃。徐达心知肚明，皇上不希望他继续活下去，只好当着来人的面，流着眼泪吃下蒸鹅，没有几天就一命呜呼了。

朱元璋先后肃清胡党、处理空印案、郭桓案，逮捕为害百姓的官吏，几场大案，杀戮官吏接近10万人。曾经向朱元璋建议"高筑墙，广积粮，缓称王"⑨的朱升，预感到主公疑忌功臣，众醉而独醒，洪武二年（1369）就申请告老还乡，还特地向皇帝请求赏赐"免死券"。洪武三年（1370）病逝。他的儿子朱同却并未得到"免死券"的庇护，最后赐自缢。洪武八年（1375），德庆侯廖永忠被朱元璋杀死。1380年，永嘉侯朱亮祖父子被活活鞭打而死。洪武十七年（1384），临川侯胡美因为犯禁被处死。

对于朱元璋大杀功臣原因我们试做分析：开国元勋中确实不少人居功自傲，肆无忌惮，朱元璋要震慑他们，但像他这样杀戮官员还是少有的。其大杀功臣的根本原因是开国元勋的特殊贡献与特殊地位，势必形成相权与将权分割皇权的现象，这对于朱元璋这位权势欲极强、又有政治手腕的皇帝而言，是无法容忍的。同时，无论是朱元璋先立的太子朱标，还是后来立的太孙朱允炆，都为人仁厚，性格偏软，朱元璋不放心自己死后，还留下一批战功赫赫的老臣，因此在自己交班之前，想方设法把那些旧臣杀掉，以为子孙后代的江山永固铺平道路。

综上，我们从朱元璋对功臣名将的态度来看，当时建南京历代帝王庙之初只入祀帝王未有名臣同步入祀就可以理解了。

（三）有从祀名臣未必有其辅佐的帝王入祀

朱元璋选取开国大一统时帝王16人入祀帝王庙，选取名臣37人从祀。一般情况下，一个主祀帝王配一个或几个名臣从祀，但历代帝王庙并不是这样。我们从37位名臣可以看出，有傅说未有商王武丁、有召虎和方叔未有周厉王与周宣王、有郭子仪未有唐玄宗，有李晟未有唐德宗，有韩世忠、岳飞、张浚未有宋高宗。朱元璋选取帝王是以开国大一统为标准，名臣则是以功绩大小为依据，这就出现了有一些从祀名臣比其辅佐帝王早一步入祀帝王庙情况。

三、历代帝王庙入祀名臣体制初期阶段

历代帝王庙从朱元璋初建到嘉靖帝再建直至清顺治初期，其从祀名臣有一显著特点，即名臣随入祀帝王的变化而变化，或增祀，或罢祀。

（一）明嘉靖帝时从祀名臣出现变动

明永乐帝迁都北京后，对历代帝王的祭祀方式分为两种：一是南京历代帝王庙由太常寺负责祭祀；二是北京祭祀历代帝王附属于南郊之祀，就是在南郊祭祀天地的时候，附带祭祀历代帝王。这一形式一直持续到嘉靖年间。嘉靖帝认为这很不正规，所以就建了北京的历代帝王庙。北京历代帝王庙建成于嘉靖十一年（1532）夏天，当年八月，嘉靖帝亲临历代帝王庙致祭。建好后的北京历代帝王庙与南京的历代帝王庙主祀帝王与从祀名臣数量上无变化，这种无变化一直持续到嘉靖二十四年（1545）。

明朝中期汉蒙民族矛盾加剧，蒙古民族经常干扰中原，其原因是贸易中断，他们生活艰难，要求开展正常的贸易，他们用军事手段出兵围困北京，争取贸易的交流。在这样的情况下，嘉靖皇帝本应该化干戈为玉帛，恢复民间贸易。但是他没这么做，反而拿元世祖"出气"。嘉靖二十四年二月，礼科给事中陈棐上奏说，"元世祖以夷乱华，不宜庙祀"⑩。嘉靖帝听从了群臣建议，不顾违背祖制，罢废了元世祖忽必烈及其从祀名臣。历代帝王庙内撤出5位元代从祀名臣，名臣数量减至32人。这一状况一直持续到明朝末年。

（二）清承明制，顺治帝时期和平过渡，增祀的名臣多带有明显偏向

清朝是继元朝后第二个由少数民族建立统治全国的王朝。与元朝不同的是，清朝比较尊重和继承先进的中华文化。对历代帝王庙来说，清初期即顺治时期是和平过渡，在"清承明制"的同时，又有族裔、民族偏向。

顺治帝继位时只有6岁，实际上是多尔衮掌权。历史上一般改朝换代之后就拆掉前朝的太庙，另起炉灶再建。清朝没有这样做，而是"清承明制"。顺治元年（1644），多尔衮将明太祖朱元璋的牌位迁入历代帝王庙。顺治二年（1645），恢复对忽必烈的祭祀。同时，新增加了成吉思汗和辽、金帝王入祀。

礼部奏言：三月初三日例应祭历代帝王。按故明洪武初年立庙，将元世祖入庙享祀，而辽、金各帝皆不与焉。但稽大辽，则宋曾纳贡；大金，则宋曾称侄。当日宋之天下，辽、金分统南北之天下也。今帝王庙祀，似不得独遗。应将辽太祖并功臣耶律曷鲁、金太祖、金世宗并功臣完颜粘没罕、完颜斡离不，俱入庙享祀。元世祖之有天下，功因太祖，未有世祖入庙而可遗太祖者。则元世祖之上，乃应追崇元太祖一位。其功臣木华黎、伯颜应从祀焉。至明太祖并功臣徐达、刘基各宜增

入。照次享祀,以昭帝王功业之隆,用彰皇上追崇往哲至意。从之。⑪

从上我们可以看出增祀的理由很简单:"分统南北之天下",入祀宋朝不能没有辽、金。宋朝只半壁江山,应增祀辽、金皇帝。至于元朝,元世祖忽必烈之所以拥有天下,功劳在于其祖父元太祖铁木真,怎么能入祀元世祖而遗漏元太祖呢?所以要追崇元太祖。从民族角度来看,清朝为同是北方民族的辽、金、元争取利益是可以理解的。

这一时期历代帝王庙从祀名臣数量有所改变,但特点是增祀名臣以少数民族为主。这时从祀名臣为41人,增辽代1人,金代2人,元代2人,明代2人。另增唐代2人。在顺治二年三月,多尔衮派户部尚书英俄尔岱到历代帝王庙的正殿祭祀历代帝王;同时,派4名分献官到东西两侧的配殿,分祭配享的功臣。

礼部尚书觉罗郎球、工部尚书星讷、梅勒章京吴拜、兵部侍郎朱玛喇,分祭配享功臣。风后、力牧、皋陶、龙、伯夷、夔、伯益、伊尹、傅说、周公旦、召公奭、太公望、召穆公虎、方叔、张良、萧何、曹参、陈平、周勃、邓禹、冯异、诸葛亮、房元龄、杜如晦、李靖、李晟、郭子仪、张巡、许远、曹彬、潘美、韩世忠、张浚、岳飞及增入曷鲁、粘没罕、斡离不、木华黎、伯颜、徐达、刘基,共四十一位。诸帝王,祀以太牢,祭笾各一,祭品俱二十四;功臣,祀以少牢,二位祭笾共一,祭品俱十。⑫

四、历代帝王庙入祀名臣体制发展阶段

(一) 清顺治帝后期,帝王庙入祀体系有所变化

顺治十七年(1660)入祀名臣又有所变化,山东道监察御史顾如华上疏,指出历代帝王庙入祀的二十一帝多为"开创之主",应增祀"守成贤君"。同时,主张去除宋臣潘美、张浚从祀资格。他认为,潘美虽然平南汉有功,但是雍熙三年(986)北伐辽国,他没有制止监军王侁的错误指挥,并且擅离陈家谷口,不去接应杨业,导致杨业父子无援而死。张浚还弹劾主战派李纲,以谋反的罪名杀害抗金将领曲端;并且与岳飞不合,诬蔑岳飞"欲专兵柄"。纵观史书所载,潘美、张浚无法与韩世忠、岳飞相提并论,所以,此二臣都应该罢祀。

顺治帝准奏后,帝王庙罢祀潘美、张浚,增加了商王太戊、商王武丁、周成王、周康王、汉文帝、宋仁宗、明孝宗七位守成之君,罢祀辽太祖、金太祖、元太祖三位入祀。这时帝王庙帝王增加到25人,但名臣并没有随帝王的增加而增多,而是减至39人。

顺治帝对帝王庙入祀人物的增减在康熙元年(1662)又有所变化。当时康熙辅臣索尼、鳌拜等认为辽太祖、金太祖、元太祖均系开创之主,仍应入庙祭祀。而商中宗、高宗、周成王、康王、汉文帝、宋仁宗、明孝宗守成七帝应在各陵庙致祭。这时帝王庙入祀帝王又变回多尔衮摄政时期的21人,名臣无变化,仍是39人。

(二) 清康熙帝提出帝王入祀底线为名臣增祀提供了前提

康熙帝是把清王朝带入鼎盛时期的一位杰出的君主,他一生的丰功伟业,使他深感安邦治国的艰辛和来之不易,这也使他想到中国几千年历代帝王的所有进步和作为都应给予肯定,所以在他临终前一个月发布了这道谕旨:

朕披览史册,于前代帝王每加留意。书生辈但知讥评往事,前代帝王虽无过失,亦必刻意指摘,论列短长,全无公是公非。朕观历代帝王庙所崇祀者,每朝不过一二位,或庙享其子而不及其父,或配享其臣而不及其君,皆因书生妄论而定,甚未允当。……前代帝王既无后裔,后之君天下者,继其统绪,即当崇其祀典。朕君临宇内,不得不为前人言也。朕意以

为,凡曾在位除无道、被弑、亡国之主外,应尽入庙崇祀。⑬

康熙帝的这道谕旨,与明嘉靖帝、清顺治帝相比,已经完全超越了民族界限,彻底摆脱了民族情绪的左右,是很理性的中国大历史帝王观。康熙帝划定了除失德亡国者尽宜入庙享祀的底线,这一质的飞跃,也为从祀名臣体系的完善提供了前提条件。遗憾的是康熙帝并没有看到旨意落实就去世了。

五、历代帝王庙入祀名臣体制完善阶段

(一)历代帝王庙入祀名臣量变过程

雍正帝虽仅在位13年,但却是一位上承康熙大业、下传乾隆盛世的一代守业明君。他对历代帝王庙贡献颇多,在继位第一时间落实了康熙帝遗旨,历代帝王庙入祀帝王从21人增至164人,从祀名臣从39人增至79人。雍正帝还5次亲祭帝王庙,而且上香时改成大礼,为表示对历代帝王庙的尊重,銮驾不许直接到庙门,都得从影壁后面绕。最为重要的是雍正七年(1729),下旨修缮庙宇,到雍正十一年(1733)十月竣工时,他亲书御碑。

雍正帝亲书御碑矗立在帝王庙正殿东南碑亭。碑文中颂扬了康熙帝的大公之道及治国守业之君重要性。作为守业明君的雍正帝,他深切地体会到打天下难、守天下更难的道理,我们从雍正帝曾命人篆刻多方"为君难"的印章可见一斑。帝王庙增加守业之君,极为符合雍正帝心态。雍正帝在碑文中还对治国名臣给予了高度的评价,认为治国名臣的功劳有益于江山社稷,他们的品德配得上是股肱重臣,比起那些开国元勋来毫不逊色。从这段评述中我们可见雍正帝对名臣的态度。雍正帝对治国名臣有着前所未有的重视。关于这一点我们从雍正帝为名臣建祠可以看出一二。雍正二年(1724)下旨为大清尽忠、勤事授命的王公将士建昭忠祠。雍正八年(1730)又下旨,为大清法施于民、以劳定国的辅佐治世之臣建贤良祠。

雍正帝时期,历代帝王庙增祀名臣主观客观条件都已成熟,增祀成必然。雍正帝的主观意愿,从立于帝王庙内碑文来看,"爰及历代名臣,亦皆川岳钟灵,为时辅佐,功在社稷,德协股肱,比诸从龙之彦,何多让焉?而尚论未详,明禋久旷,其为缺略也大矣!"从中我们可以看出他认为与开国元勋相比,治国良臣也毫不逊色。只有一起崇祀他们,才能做到公允适当。客观上,刚继位的雍正帝应该拥护康熙帝旨意,办完他未完成事。这时历代帝王庙增祀40位名臣,从祀名臣总数达到了79人。

据雍正十一年碑文:

历代帝王崇祀之制,肇于唐天宝七载始置庙京城,止及三代以前而已。明洪武六年,始于金陵立庙。嘉靖十年,乃建于京师阜成门内。当明初定制时,议礼之臣不能通知大体,崇祀祇创业之君,从祀惟开国之臣,自兹以后阙焉。我皇考圣祖仁皇帝大公之道,折衷百代,深惟祀典之宜修。康熙六十一年特颁谕旨,命廷臣详悉从容确议具奏。逮朕绍绪之初,廷议始上,旧崇祀帝王二十一位,今增一百四十三位;旧从祀功臣三十九人,今增四十人。朕遵奉先志,重书牌位,诹吉入庙,行祭告之礼。仰惟圣祖皇帝用意之厚,立论之正,夐乎不可及也。夫三代以上,若夏启之能敬承,殷之太甲、太戊、武丁,周之成王、康王、宣王,颂美诗书,光耀史牒。三代以下,英君哲后,或继世而生,则德教累洽;或间世而出,则谟烈重光,胥能致海宇之乂安,跻斯民于康阜,嘉言传于信史,善政式为良规。至凡蒙业守成之主,即或运会各殊,屯亨不一,苟无闻于失德,咸帝命所宠绥。爰及历代名臣,亦皆川岳钟灵,为时辅佐,功在社稷德协股肱,比诸从龙之彦,何多让焉。而尚论未详,明禋久旷,其为缺略也大矣。夫钦崇往哲,景企前徽,明德可

怀，羹墙兴慕。眷流风之所被，洵历世而勿谖。若乃扩追远之鸿规，破拘墟之臆见，自非忠厚立心，宽仁为量，卓识超于千古，盛德冠于百王，未有能论及此者。典礼修明，有待今日。然则圣祖皇帝之重加厘定，公当周详，诚千万世莫及之仁心，而千万世不易之定论也。庙貌既新，叙述本末，镌于青珉，用昭示久远焉。[14]

（二）历代帝王庙入祀名臣体系完善之"统序论"

乾隆皇帝与历代帝王庙的关系最为密切。他在位期间，曾6次亲祭、5次赋诗、10多次颁布谕旨。他于乾隆二十九年（1764）对历代帝王庙进行改建，将景德崇圣殿和四座御碑亭的绿琉璃瓦顶改为黄琉璃瓦顶，提升了整个建筑等级，使历代帝王庙成为一座最高等级的皇家庙宇。他两次颁布谕旨增加帝王入祀人数，从164位最终增加到188位（撤消了汉桓帝和汉灵帝），并从5个龛位增加到7个龛位供奉。他多次为历代帝王庙撰写碑文，深入阐明了自己的观点和评论，特别是在"乾隆四十九年谕旨"和乾隆五十年（1785）《祭历代帝王庙礼成恭记》碑中，对历代帝王庙祭祀制度的发展变化，进行了精辟的分析和总结。乾隆晚年时又提出了更高思想境界的"统序论"，其核心思想是"中华统绪（序）不绝如线"，即中华的治统序列就像一条不断延长的线，没有缺环和中断，是连绵不绝和一脉相传的。乾隆提出的"统序论"不单单适合历代帝王庙内入祀帝王体系，同时对入祀名臣体系也适合。在历代帝王庙入祀名臣体系中不应有偏重、民族等偏见，整个名臣体系不应有缺环，应是上下连接，贯穿整个历史脉络。乾隆时期虽然名臣人数无变化，但他提出的"统序论"却在理论上完善了入祀名臣体系。

六、历代帝王庙内特殊存在者——关羽

关羽是东汉末年辅佐刘备名将。他去世后，逐渐被神化，被民间尊为"关公"。历代朝廷多有褒封，崇为"武圣"，与"文圣"孔子齐名。在历代帝王庙东西配殿从祀历代名臣中并没有关羽，但却建有关帝庙，祭祀关公。按理说，东西配殿从祀的应该是80位，左右对称各40位，基本上按照"文东武西"排列。为什么帝王庙西配殿只有39位名臣？如果算上关羽则东西配殿人数对称。清朝时候，人们非常崇拜关公，给他很多溢美之词，奉为"忠义神武灵佑仁勇威显关圣大帝"。但是他毕竟不是帝王，所以不能进大殿，把他和历代名臣如诸葛亮、赵云、岳飞等人放到一起，又觉得地位有差异。于是给他建一座关帝庙，单独祭祀他，叫做"独享其尊"。这样，帝王庙里就形成了"庙中庙"特点。单独祭祀关羽，说明他的地位是非常高的。但是现在学术界对这一观点有不同看法，有研究者认为设立关帝庙，是由关公护佑帝王庙，并不是祭祀关公；而认为还是祭祀关公的依据则是，因为此庙旁边有五间祭器库，用来存放祭祀时候的祭器，这在文献里有明确的记载。目前这两种说法并存，笔者更支持后一种说法。

历代帝王庙的从祀名臣，并非历代名臣的全部，但褒扬的却是一种共通的为臣之道，即尽忠报国的理想、才能、品德和气节。不同朝代的功臣名将，生逢其时，各卫其主，相互之间也不乏博弈对手，但在历代帝王庙中他们却同堂而列，共享祭祀，都被赋予了同等地位，这正是历代帝王庙的特点所在，用以褒扬历代名臣功德之大义尽显其中矣。

---

①[14]《历代帝王庙碑》，历代帝王庙，雍正十一年，东南碑亭御碑碑阳。

②李民、王健撰：《尚书译注》，《十三经译注》，上海古籍出版社，2004年，第154页。

③《周礼·夏官·司勋》，中华书局，2014年，

④《礼记正义》卷四十六《祭法第二十三》，《十三经注疏》，中华书局，1980年，第1590页。

⑤《明实录》卷八四《明太祖实录》，线装书局，2005年，第402页。

⑥《明史》卷五十《礼四》，中华书局，1974年，第1292—1293页。

⑦《明史》卷五十《礼四》，中华书局，1974年，第1293页。

⑧《史记》卷九十二《淮阴侯列传》，中华书局，2008年，第1840页。

⑨《明史》卷一百三十六《朱升传》，中华书局，1974年，第3929页。

⑩《明实录》卷二九六《明世宗实录》，线装书局，2005年，第548页。

⑪《清实录》卷一五《世祖章皇帝实录》，中华书局，2008年，第1622页。

⑫《清实录》卷一五《世祖章皇帝实录》，中华书局，2008年，第1623页。

⑬《清实录》卷二九二《圣祖仁皇帝实录》，中华书局，2008年，第5782页。

（作者单位：北京历代帝王庙博物馆）

先秦时期凤鸟纹考

陈占锡　金志斌

凤鸟纹是中国古代艺术品乃至日常生活品上的主要装饰纹样之一，在中国古代艺术发展源流中占据着十分重要的地位。本文选取先秦时期的铜镜、玉器、青铜器及陶瓷器上的凤鸟纹饰作为考察对象，初步探讨其演变规律，并力图通过对纹样的分析来揭示当时社会思想、观念等更深层次的问题。

一、仰韶文化时期

（一）半坡类型阶段

1. 主要发现：这一时期主要发现有陕西武功县游凤镇、姜寨遗址、宝鸡北首岭及河南临汝县阎村出土的鱼鸟纹陶器。

2. 纹饰特点：以写实为主，纹饰较为简略，重在勾勒轮廓线条，羽毛、冠饰等部位都未表现出来。从内容上看以水鸟捕鱼场景为主，生活气息浓厚，与同时期陶器上盛行的鱼纹、人面纹、网格纹等形成对应，当与原始渔业生活密切相关（图一至图四）。

（二）庙底沟类型阶段

1. 主要发现：在庙底沟类型彩陶上也发现许多鸟纹图案，苏秉琦先生在《关于仰韶文化的若干问题》一文中对此进行了总结归纳（图五）。

2. 纹饰特点：鸟纹图案从写实到写意最后变为象征性的符号[5]（生产扩大化所致）。鸟纹飞翔、站立等各种姿势均有反

  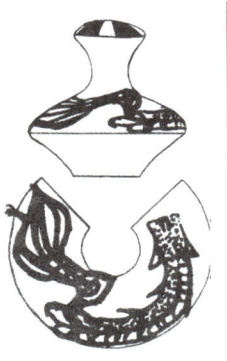 

图一　鱼鸟合体纹陶瓶[1]　　图二　鱼鸟纹彩陶葫芦瓶[2]　　图三　水鸟衔鱼纹陶瓶[3]　　图四　鹳衔鱼纹陶缸[4]

图五　庙底沟类型彩陶上的鸟纹图案

映,集中展现了古人对于鸟类自由飞翔的向往。

从这一时期的总体文化面貌来看,氏族社会尚处于自然崇拜阶段。陶器上的纹饰图案像半坡的人面纹、鱼纹、网格纹;马家窑文化的水波纹、叶纹、漩涡纹、变体蛙纹;大河村的日纹、星纹;庙底沟的蔷薇花纹;大汶口的刻划猪纹等,其题材多是来源于现实生活,是对自然的一种纪实性表现,富于生活气息,反映了原始人类对于自然山川、河流、日月星空等现象的崇拜[6]。

二、新石器时代晚期

(一)主要发现

在良渚文化、红山文化、龙山文化、凌家滩文化、石家河文化中都发现了大量以凤鸟为主题的玉制品(图六至图九)。

(二)纹饰特点

多以玉鹰、鸮、凤、大雁等鸟类为主,纹饰抽象,不注重表现细节,象征意义浓厚而富于神秘气息。

这一时期文化面貌上最典型的特色就是巫觋因素十分浓厚,不妨可称之为巫觋崇拜阶段。在上述文化中各种玉制礼器像璧、琮、璜、环等大量出现,在红山文化中发现有大型的宗教礼制性建筑"坛、庙、冢"[7];良渚文化则有像反山、瑶山等随葬大批精美玉器的墓地及莫角山中心祭坛遗址。同时在这些文化的玉器中均有作为巫觋形象的玉人出现及大量的具有奇异特征的动物玉雕,如龟、蝉、蚕、蛇等(图一〇至图一二)。

巫觋作为人神之间沟通的媒介,常常要取用各种动物作为其助手。正如今日所谓之萨满,"萨满的本事是靠他能够任意使自己进入一种昏迷的状态。鼓和舞一方面提高他自己的精神,另一方面招呼他的伙伴——他人所不能见,而供给他以力量,帮助他来飞翔的兽与鸟"[9]。凤鸟作为能够自由飞翔于天地之间的唯一生灵,对于巫觋的重要性当不言而喻,并逐渐被赋

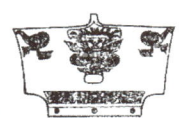

图六 良渚文化鸟纹(瑶山出土)

图七 石家河文化鸟纹(罗家柏岭出土)　　图八 红山文化鸟纹(辽宁阜新胡头沟出土)　　图九 凌家滩文化玉鹰(凌家滩遗址M29)

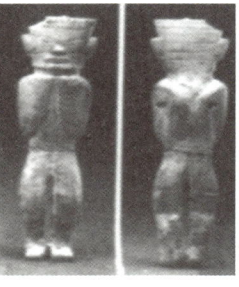

图一〇 石家河文化玉人[8]　　图一一 凌家滩文化玉人　　图一二 良渚文化玉人形象(反山出土)

予神性，成为许多氏族的图腾或是族徽⑩。

三、商周时期

商代仍然是一个重视巫术的社会。《礼记·表记》载："殷人尊神，率民以事神，先鬼而后礼。"在殷墟发现的大量卜辞甲骨即反映出商人"事必贞之"的习俗，在卜辞和金文中屡次见到巫、史的记载，文献中则有商代巫咸、巫贤、巫彭的事迹⑪并见于卜辞之中。同时在妇好墓中出土有玉人和鹰、兔、鹦鹉、狗、蛙等各种动物造型的玉器及各种玉制礼器，当为原始巫觋系统的延续（图一三）⑫。这一时期的凤鸟纹也多见于玉器之上，其来源与上述之各巫觋文化也有很大的联系。关于其含义，卜辞中有这样一类字句："于帝史凤，二犬。"郭沫若指出："盖视凤为天帝之使，而祀以二犬。《荀子·解惑篇》引诗曰：'有凤有凰，乐帝之心。'盖言凤凰在帝之左右。"⑬又《殷墟小屯》文字丙编："翌癸卯，帝不令凤？翌癸卯，帝其令凤？"⑭王占卜问帝令不令凤，凤来不来？很明显，凤是作为帝与王之间往来的使者⑮，是商代巫者的重要媒介。在同时期的江西新干大洋洲、四川三星堆等青铜文明中也都见到类似的现象。

但同时，随着商周之际王权的巩固与加强，血缘的神圣性与优越性开始日益被强调。王室乃至贵族都开始重视祭祀追奉其先祖，为之建造规模巨大的墓葬（如商代王陵、西周诸侯王陵），并举行隆重的祭祀活动（商代甲骨文中即有繁琐而复杂的祭祀先公先王的记载，西周青铜器上也多见追述先祖功绩的铭文）。而许多氏族祖先诞生的神话也由此产生，并多与神异之事联系在一起。以商、周二族为例，《史记·殷本纪》记载："殷契，母曰简狄，……见玄鸟堕其卵，简狄取吞之，因孕，生契。"《诗经·商颂》："天命玄鸟，降而生商。"《史记·周本纪》："周后稷……而弃渠中冰上，飞鸟以其翼覆荐之。"由此可知，凤鸟在商周先祖的诞生中都扮演了极其重要的角色，这一时期凤鸟纹的大量出现也必与其祖先崇拜密切相关。这一现象在周代表现得更为明显。西周之际，随着宗法制度的确立及"尊尊"观念的最终形成，礼制成为社会生活的主旋律。身份、等级的区分成为保障社会稳定的基础。不同等级的人开始被规定使用不同的器物乃至纹饰。青铜器作为祭祀先祖的重要媒介，其纹饰也逐渐固定化。凤鸟纹从商末周初至周成王、康王时期开始在青铜器上大量出现，并成为青铜装饰的主要纹样之一（图一四）。

鸟纹的体躯大多只是一个禽体的外形，没有羽翅，部分做成鸟首龙体的造型。凤冠有多齿冠、长冠和花冠三种形式。多齿冠在凤纹中较为少见，盛行于商末周初。长冠凤纹盛行于商朝后期到西周

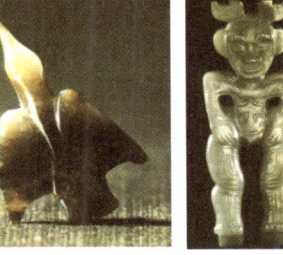

图一三　殷墟出土玉鸟及玉人形象

图一四　商周时期青铜器上的凤鸟纹饰

晚期。花冠盛行于西周时期。鸟喙多为闭合的弯钩形，西周早期也有个别鸟喙是张开的，多有角或毛角，有长尾、盘尾和分尾几种形式[16]。西周中期以后，随着模制技术的发展及青铜生产的扩大化，纹饰开始趋向几何化，凤鸟纹逐渐消失。

四、春秋战国时期

春秋时期，"礼崩乐坏"，王权、神权逐渐崩溃瓦解。巫觋逐渐退出政治生活舞台而成为百姓之原始宗教。独立的史官系统开始出现，各诸侯国都有其世袭可考的族谱，故将先祖与神灵异事相联系的现象逐渐减少。而随着列国间战争的加剧，武力与尚战开始成为社会之主格调。这一时期中原地区青铜器上常见的除蟠螭纹、蟠虺纹外，以攻战、狩猎题材居多，而凤鸟纹则多见于玉佩饰及礼天地之玉器上（图一五），尤以玉璧上多见[17]。

玉璧为礼天之器与邦国的象征，《周礼·春官·大宗伯》记载："以玉为六器，以礼天地四方。以苍璧礼天……""以玉作六瑞，以等邦国……子持谷璧，男持蒲璧"。在玉璧上饰龙凤纹当有其深层次的含义（图一六）。《左传·昭公二十九年》载："龙，水也。"《管子·水地篇》："龙生于水，被五色而游，故神。"《抱朴子》曰："山中辰日称雨师者，龙也。"在中国人的传统观念中，龙一直以来就是掌管雨水之神，龙宫、龙王之称谓见于各类文学作品中，唐宋时期祈雨仪式中就有造土龙的记载。"凤者，风也。"自商代甲骨文中便开始有此记载，《说文》："古文凤飞象形群鸟从故以作鹏。"闻一多考释："古代盖以有大风时，即有大鸟出现，因谓风为鸟所致，而以凤为鸟神。"高诱注《淮南子·本经训》："大风，风伯也，能坏人屋舍，一曰鸷鸟。"凤逐渐成为风之神的化身。中国作为典型的农业文明国家，"靠天吃饭"，风调雨顺为上至君王下至百姓的最大愿望。故此龙凤作为风与水的象征，在各种祭天仪式中必不可少。当然此时期这一思想还只是处于萌芽阶段而并未固定化。《周易》载："云从龙，风从虎。"又《淮南子·天文训》有"虎啸而谷风至。"高诱注："虎，阳兽也，与凤同类。"可见虎在某些时候也经常作为凤的象征，而并不局限于凤。

与此形成鲜明对比的是在南方的楚国，"楚人崇凤"，凤鸟纹普遍见于铜镜、漆器、帛画、丝绸及文学作品之中。《楚辞》中关于凤的记载不胜枚举，屈原"凤皇在笯兮，鸡鹜翔舞"；宋玉"众鸟皆有所登栖兮，凤独惶惶而无所集"均是对凤的讴歌。楚国多袭商俗[19]，楚人崇凤与其先祖有很深的渊源。据《史记·楚世家》记载，（楚之先祖）重黎、吴回皆为帝喾之火正，又称为祝融，为掌火之官。《白虎通义·五行篇》载："南方之神祝融，其精为鸟，离为鸾。"楚人崇火崇凤并进而将二者有机联系起来，凤鸟逐渐成为火乃至太阳的象征。在荆门纪山、当阳赵家湖、江陵雨台山等楚国墓地中，其贵族墓头向皆东向，墓底多铺朱砂，棺饰及随葬品上均有大量的凤鸟纹出现[20]（图一七至图二〇）。

从总体纹饰上看，楚国凤鸟纹细颈，喙长而下勾，造型飘逸、洒脱，不拘泥于形式，富于神话浪漫色彩。今天学者多认为其含义是引导墓主人升天之用。

五、结语

任何艺术都是时代精神的产物，特定的意识形态必然产生特定的艺术表现形

图一五 白玉透雕龙凤佩

图一六 战国龙凤纹玉璧[18]

   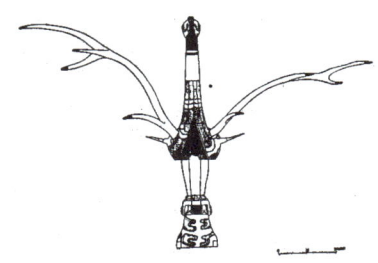

图一七　湖南临澧九里一号墓凤鸟纹漆奁　　图一八　曾侯乙墓内棺鸟纹　　图一九　长沙陈家大山战国楚墓出土帛画　　图二〇　江陵楚墓出土虎座飞鸟

式。从新石器时代至春秋战国时期，凤鸟纹的发展大致经历了自然崇拜、巫觋崇拜、祖先崇拜、社稷崇拜、宗教神灵等阶段，由自然而神灵最后回归自然，每一阶段均表现出不同的特点，反映了特定的思想面貌。

---

① 陕西武功游凤遗址出土，参见西安半坡博物馆、武功县文化馆：《陕西武功发现新石器时代遗址》，《考古》1975年第2期。

② 陕西姜寨遗址出土，参见宿白：《中华人民共和国重大考古发现》，文物出版社，1999年，第68—69页。

③ 陕西宝鸡北首岭出土，参见中国社会科学院考古研究所：《宝鸡北首岭》，文物出版社，1983年，图八六：1。

④ 河南临汝阎村出土，参见《中国大百科全书·考古学》，中国大百科全书出版社，1986年，彩图第10页。

⑤ 苏秉琦：《关于仰韶文化的若干问题》，《考古学报》1965年第1期。

⑥ 在庙底沟Ⅰ式鸟纹背部有太阳形象，陆思贤先生在《神话考古》一书中认为与"负日神鸟"传说有关，还有待商榷。关于鹳衔鱼纹，严文明先生在《仰韶文化研究》一书中则认为与氏族图腾有关。

⑦ 郭大顺：《红山文化的"唯玉为葬"与辽河文明起源特征再认识》，《文物》1997年第8期。

⑧ 尤仁德：《古代玉器通论》，紫禁城出版社，2004年，第45页。

⑨ Joseph Campbell. *The masks of God, primitive mythology*, New York, the Viking Press, 1959.

⑩ 据《山海经》记载，从太湖地区到绍兴附近，古有"始鸠之国"，东夷族首领少昊曾以鸟名官。

⑪ 《史记·殷本纪》："伊陟赞言于巫咸，巫咸治王家有成。""帝祖乙立，殷复兴，巫贤任职。"王逸《楚辞章句》："彭、咸，殷贤大夫。"

⑫ 中国社会科学院考古研究所：《殷墟玉器》，文物出版社，1982年。

⑬ 郭沫若：《卜辞通纂》，东京求文堂，1933年，第398页。

⑭ 高岛谦一：《殷墟文字丙编通检》，"中研院"历史语言研究所，1985年，第109页。

⑮ 张光直：《商代的巫与巫术》，《中国青铜时代》，三联书店，1999年，第312页。

⑯ 马承源：《中国青铜器》，上海古籍出版社，2001年，第324页。

⑰ 除开以下几件外，在随州曾侯乙墓、平山中山王1号墓、河南淮阳平粮台163号墓中都有这一类器物出土。

⑱ 张广文：《玉器史话》，紫禁城出版社，1991年，图版四。

⑲ 杨宽：《中国上古史导论》，载《古史辨》第七册，北平朴社，1941年，第65页。

⑳ 另在包山2号墓出土凤鸟纹漆棺、凤型龙纹双联杯、龙凤纹漆盾；江陵马山1号墓出土双凤纹耳杯、凤纹盘等。

（作者单位：北京市文物进出境鉴定所）

门头沟区现存元代石刻综述

马垒

元朝是中国历史上首次由少数民族建立的大一统朝代。回顾元朝历史，从统一中国到远征海外，成为当时称霸世界的强大国家。史称："自封建变为郡县，有天下者，汉、隋、唐、宋为盛，然幅员之广，咸不逮元。汉梗于北狄，隋不能服东夷，唐患在西戎，宋患常在西北。若元，则起朔漠，并西域，平西夏，灭女真，臣高丽，定南诏，遂下江南，而天下为一。"

由公元1215年至1368年的153年时间里，为蒙古统治燕京（中都、大都）时期，门头沟地处神京之西，山岭绵亘，此时本区大部分属燕京（中都、大都）大兴府宛平县。如今随时光变换、朝代更替，尚能看到的元代遗存已为数不多，其中尤以石刻文物留存最多，这些石刻大部分存于著名宗教场所及名山胜迹。笔者经过多年的田野考古调查与研究整理，对门头沟区元代石刻现状有了深入了解。本文对门头沟区现存的元代石刻种类、文字内容、史料价值进行了详述。文中所涉及元代石刻限于今天门头沟区的行政区划范围。

一、门头沟区元代石刻分布

门头沟区元代石刻分布特点与其特殊的地理位置及宗教文化关系密切。门头沟区元代石刻分布既分散又集中。除大台地区尚未发现元代石刻外，目前已知的26件元代石刻，广泛分布在区内的清水镇、斋堂镇、雁翅镇、王平镇、妙峰山镇、军庄镇、龙泉镇、永定镇及潭柘寺镇（详见附表）。其中潭柘寺镇及清水镇、斋堂镇、雁翅镇又是集中分布地区，共有21件元代石刻分布其中，占门头沟区元代石刻总数的百分之八十。因原址已不具备保存条件，有7件元代石刻保存于永定河文化博物馆内。

（一）潭柘寺地区

潭柘寺是门头沟区元代石刻分布较为集中地区之一，共有9件元代石刻分布于此处。潭柘寺位于北京市门头沟区东南部潭柘寺镇平原村。地理环境极佳，千年古刹背靠绵亘千里的太行山宝珠峰，面临源远流长的永定河，东部是繁华的北京城。古时山上有龙潭和柘树，又名"潭柘山"，故寺因山而得名"潭柘寺"。潭柘寺在建筑规模、宗教传承、园林古木、寺庙保护、民俗信仰等方面都在北京佛教寺庙史上占有重要地位。

潭柘寺几经兴衰，关于潭柘寺始建年代，有两种观点，一为始建于晋代，二是始建于唐代。无论创建于何时，华严禅师都是潭柘寺的开山祖师。辽太宗会同年间著名高僧从实禅师抵达燕京弘扬佛法，在潭柘寺带领徒弟千人讲法，"宗风大振"。在圣宗、兴宗、道宗三朝，佛教臻于极盛，潭柘寺也逐渐走向中兴。金代帝室承袭了辽人对佛教的崇拜和支持，特别是中都西部群山之中，佛寺众多。这一时期的潭柘寺，高僧辈出，知名的有广慧通理、了奇、政言、相了。在这些高僧大德住持潭柘寺期间，严律寺规，广传佛理，重修古刹。如今在潭柘寺塔林中保存有多座金代塔幢，幢文中真实记录了潭柘寺在金代统治时期的繁盛景象。元代潭柘寺依然辉煌，并得到皇室成员庇护。塔林内今存多座元代古塔，其中的妙严公主塔颇为重要。后来，明清两代及民国时期的军阀与北京地区的政府官员重视对潭柘寺的礼佛与保护活动，使得那里的元代石刻得以保存。

（二）清水、斋堂、雁翅地区

清水、斋堂、雁翅地处区境西部深山区，多是崇山峻岭，高山峡谷。特殊的地理位置使其成为与山西、内蒙古等西部地区沟通交往的重要通道，特别是促进了宗教文化的交往。这一地区共有12件元代石刻分布其中。

在斋堂镇东胡林村早期墓葬中曾发现了新石器时代螺壳穿成的项链和扁状骨管连成的装饰品，说明早在新石器时代已有人类居住。这里自古就是京西重要军事防线。北齐天保年间，为防突厥等游牧民族南下，在门头沟区境内修建长城。隋唐时期，佛教兴盛。今存白瀑寺、灵岳寺、灵严寺均是这一时期创建。辽金时期佛教日益壮大。上清水村现存辽统和年间所建双林寺一座，特别是寺内原有辽代塔幢一座，幢文记载了辽代这一地区佛教文化传承及丰富的地方资料。金代佛教继续发展，建于金皇统年间的白瀑寺圆正法师塔至今犹存。元代其军事地位进一步加强，修筑防御设施，抵御外敌入侵。除此之外佛教与道教继续发展。燕家台通仙观，创建于元至元二十八年（1291），为大长春宫下院，今庙已毁，现存元、明石碑两通。明代继续加强军事防线建设，修筑长城、敌台。如今这一地区保存有较多的明清古村落，尤以爨底下、张家庄、灵水、黄岭西等村为代表。大小寺庙分布于村落之中，佛教、道教及民间宗教寺庙众多，因为有共同的思想崇拜，成为人们顶礼膜拜汇聚之地，映射出昔日宗教文化与商贸经济的兴盛。

（三）其他地区

除此之外，另有5件元代石刻分布于浅山区的王平、妙峰山、军庄及城区的永定、龙泉。这一地区是门头沟区经济、政治、文化较为发达地区。其中王平镇现存有北京市年代最早的摩崖石刻——东魏武定石刻。妙峰山因"中国民俗学研究发祥地"而享誉中外，傲立于仰山顶上的栖隐禅寺，因其曾是金代皇家寺院，成为了金中都佛教圣地。

二、门头沟元代石刻种类

门头沟区的元代石刻种类丰富，包括碑刻、塔幢、摩崖等。有的原石尚存，有的久佚未见，仅记录只言片语，笔者据此移录原始记录，下面分类详述。

（一）碑刻

门头沟区碑刻数量众多，按功用划分主要有墓碑、记事碑、寺庙碑、告示碑、经济碑，而元代碑刻现存7通。形制以方首抹角及长方形为主，所用石料为就近取材的汉白玉。这些碑刻因年代久远，表面文字多已风化，且有些碑刻已丢失不存。按功能划分，有记载寺庙修建历史的修庙碑，如《重修通仙观碑铭并序》，其碑身及额现被砌筑于门头沟区清水镇燕家台村过街楼券洞左侧。至元二十八年（1291）辛卯立石。汉白玉石质，碑长1.08米，宽0.64米，厚0.17米。碑身字保存完好，竖刻楷体字共20行，满行34字，共计618字。螭首座无存，文曰："重修通仙观碑铭并序，大长春宫住持大师陈志、知宫田道、道判大师周道，房山王宽、李荣刊。附宛平县之北二百里许，乡曰斋堂，堡为清水，有观曰'通仙'，有清和大宗师旧隐也。……至元廿八年辛卯岁下元日，本观住持尊宿李志禧、刘志深等立石。"据碑文载，宛平县北二百里有斋堂乡、清水堡，有观曰"通仙"，为清和大宗师隐居修道之处，俗呼"燕家台"。一日，长春真人丘处机与弟子尹志平来到此地，打算使其为修行隐迹之所，"又当南北往来之冲，真可为福地也"。后清和大宗师主持营建通仙观，力未及也，示寂于此。门人清虚大师刘志远、保真大师田志恭等节次营造创殿，祠、庑、斋馆、寮库莫不济济有序。最终成为大长春宫及五华别业。碑文中多次出现元代全真教人名，如"大长春宫住持大师陈志""清和大宗师""长春真人"等，其中"长春真人"应为受元太祖召见的长春宫（今北京白云观）真人"丘处机"。这些道教人物的生平行实，对于了解元代道教在大都的发展情况具有一定价值。此碑连同旁边的明嘉靖九年（1530）《重修通仙观碑铭并序》被门头沟区人民政府于1981年公布为区级文物保护单位。

另有立于墓葬前方用以标明墓主的墓碑。如赵君墓碑。该碑原存于门头沟区清水镇梁庄台村，现存于门头沟区博物馆。碑青石质，方首抹角，高0.62米，宽0.44米，厚0.16米。碑文竖刻楷体字共5行，满行6字，共计29字。文曰："大元赠朝列大　夫骑都尉天水　郡伯赵君及夫　人赠天水郡太　君石氏之坟。"

（二）塔幢

塔幢具有塔的结构特点，种类多样，风格各异，主要是以石料雕刻而成，是古塔的重要形制之一。

门头沟区目前发现的元代塔幢共有8个。外形特征保留了辽金石幢的建造特点，分为底座、幢身、塔檐及塔刹，均为石结构建造。其与辽金石幢的不同之处在于辽金石幢幢身刊刻往往先经后记，而门头沟区的这几个元代塔幢不见经文，仅有题记，且都为僧人墓塔。保存完好的有建于至元九年（1272）的宗公长老寿塔、建于至元二十九年（1292）的慧公禅师塔幢。

宗公长老，师名觉宗，字道公，别号松溪，为潭柘龙泉禅寺第二十二代禅师，陕西扶风南氏子，至元间应命住潭柘寺。该塔幢现位于门头沟区潭柘寺下塔院内，建于至元九年。八角五级密檐式石经幢塔。通高3.8米，由底座、幢身、五层塔檐及塔刹组成，底座为六面一层结构，基之上有束腰须弥座，束腰部每面刻线雕帐幔及圆形团花，转角处雕刻石环，将垂带缠绕于环中系成结状。上边是圆形三层仰莲花承托塔身，幢身八面，大面宽23厘米，小面宽17厘米，正面竖刻三行篆体字"宗公长老寿塔"，字长、宽均8厘米，字下雕一朵盛开的莲花，下面雕双扇仿木式假门。假门每扇为四抹，门扇上部雕刻圆形方孔花棂，下面雕刻如意云头图案。幢身上下边雕卷草纹，上部为五级密檐及双层仰莲花刹座顶托圆形宝珠塔刹。其余七面刻宗公生平，竖刻楷体字47行，满行30字，残存字共计1147字，文曰："潭柘山龙泉禅寺第二十二代宗公大禅师之……字道玄，号松溪，扶风南氏子，世业儒，母陈氏崇信浮图，每岁春诣法门寺饭僧诵经，岁以为常。……师住后重修佛宇，金碧交映，光照泉石。十年间众至千指，晨香夕灯，外堂说法，无时有史，道风远□，遍布四方。……至元九年七月上瀚日，门人恒进、恒定等竖石。"幢文记述，宗公禅师之母陈氏，崇信佛教。因战乱，家族离散。后被军官掠入武川。不久拜妫川青山院乞林法师，出家为僧，后矾山支公请师任本郡殊胜院住持。1251年，任灵山住持。1266年，潭柘龙泉禅寺住持文公退隐后，宗公继任住持，并重修大殿增置房院，圆寂后由门人恒进、恒定等于1272年造寿塔一座。

慧公禅师塔幢，现位于门头沟区潭柘寺下塔院内，建于元至元二十九年。汉白玉石质，八角三级密檐式幢塔。通高2.1米，由底座、幢身、三层塔檐及塔刹组成。底座为八面三层结构，基之上有圆形仰莲花底座（应为后来补配），幢身八面，大面宽16厘米，小面宽15厘米。正面竖刻楷体大字"慧公禅　师之塔"，字长、宽7厘米。下面雕双扇仿木式假门，假门每扇为四抹，门扇上部雕刻圆形方孔花棂，下面雕刻如意云头图案。其余七面刻慧公生平。竖刻楷体字，共30行，满行18字，共计471字，字长、宽均3厘米。上部为三级密檐及八瓣如意云刹座顶托宝珠塔刹。文曰："大都竹林禅寺第二十三代慧公禅师塔记，大万寿寺住持东川圆让铭，信聪书丹额。夫出家大体唯参禅而听教，明乎一者，为人天师而能事毕矣。慧公长老，其兼人也，贯宣德府之坊市，姓史氏。父母知其不群，许为释子。……至元二十九年前六月日，潭柘山弟子二十六代法侄德顺立石。落发小师：宣授上都路阇梨崇赟、福光寺住持长老崇贤、通化寺住持讲主崇庆。"幢文记述大都竹林禅寺第二十三代慧公长老祖籍宣德府城内（今河北省宣化市），俗姓史，自小出家。五岁时拜本府华龙寺达公为师，名道慧。后听闻燕山潭柘寺住持懒牧归公法席之盛，遂前来参拜。"因以龙华自号竹林，云居以年耄自称。"七十岁在潭柘寺圆寂。后潭柘山弟子二十六代法侄德顺托与大万寿寺住持东川圆让书写塔铭，信聪书丹额，以纪师之显德。

（三）墓志、塔铭

目前在门头沟区发现的元代墓志近似于碑形，碑阴与碑阳均刻有文字。如杨居士墓志铭。据《门头沟文物志》记载："杨居士墓志铭，1984年文物普查中在军响乡军响村杨福山家发现，系元代墓志，为汉白玉质，高0.8米，宽0.5米，厚0.1米。圭首有榫。墓志（碑形）立于元至元三十年（1293），碑阳、碑阴均有刻文。碑文24行，满行40字，大长春堂天道明撰文，回中道人巩居智书丹。碑文前段为处世之道，做事之理，'父子有亲，君臣有义，夫妇有别，长幼有序'，'积善之家，必有余庆'等。后段刻文所述为：'居士杨清，妇张氏，世居濮丹……乙未年抵燕京宛平县斋堂乡军下村……'在军下村（现军响村）定居后，勤于耕作，家境逐年富裕，并且其家'温良和善，敬天重神'，所以'历乱世而嗣业滋茂'。此墓志，有让后世子孙牢记祖训'弘业世守'，光大杨家基业之意，可谓用心良苦。碑阴额刻三字：'家派图'，碑身刻线图，记载了杨氏家族世代传裔情况。墓志文字多处模糊难辨认，墓志的研究价值却是不可低估的。"

塔铭与墓志性质属同类，均为记述亡者生平之碑石，因此应属墓志范围。一般镶嵌于古塔塔身表面，亦有置于塔内者为佛教僧徒专用。门头沟区保存至今的元代塔铭均镶嵌于塔身表面，呈长方形，有的古塔无存仅存塔铭，亦有古塔与塔铭完好的。这类石刻共有8通。如刻于大德十一年（1307）的仰山栖隐禅寺第二十六代满禅师寿塔铭并序，刻于至元十四年（1277）的西堂万泉文公大禅师塔铭。

仰山栖隐禅寺第二十六代满禅师寿塔铭并序，现存于妙峰山镇樱桃沟村仰山栖隐寺遗址内，于2008年出土。大理石质，碑高91厘米，宽59厘米，厚15厘米。碑身竖刻楷体字共32行，满行58字，字高、宽均为1厘米，共计1623字。右上角残，文曰："仰山栖隐禅寺第二十六代满禅师寿塔铭并序，中都大圣安寺传法袭祖沙门信善撰，本寺参学法弟比丘行念书丹。师讳行满，号万山……师一日自念曰：佛祖大法，何日撤去？遂挈包笠，寅夜出焉……时大德十一年岁丁未端午日，众知事同立石。塔匠提控：段政、牛君玉。采石局云彦龙镌。"

据塔铭记载，行满号万山，俗姓曾，为曾参后裔。历世江西吉州之太和，父亲名应龙，号翠庭先生。母亲乐氏。行满虽宗于儒学，却更崇于佛学。自小聪颖过人，日记数千言，诗赋论策，皆吟咏通晓。至元庚辰（1280），入仰山，礼济公庵主为师，训行满之称。在此期间，苦学佛法，收获颇丰。大德七年（1303），众人推举大师为仰山栖隐寺住持，师力辞之。后成宗下旨，命其住持栖隐寺。并相继得到淮宁王、镇宁王宠赐。栖隐寺金碧焕然，内外俱毕。诸王妃眷，宰府公卿，无不登游问道。大德十一年，行满圆寂，享年四十三，僧腊二十二，众弟子立石建塔。

西堂万泉文公大禅师塔铭，镶嵌于万泉文公大禅师塔塔身南面，中间竖刻两行楷体大字"西堂万泉文公大禅师塔"，右刻"至元十四年丁丑夏六月吉日"，左刻"传法住持嗣法小师崇严建"。万泉文公大禅师塔现存于门头沟区潭柘寺镇潭柘寺下塔院中。六角五级密檐式砖塔结构，高约13米，塔基座为六边形双层须弥座，其中一层须弥座束腰中三面雕卷草纹图案，三面雕龛形卧狮首图案，其中每面为两个相同图案砖雕。二层须弥座束腰中三面雕卷草纹图案，三面雕龛形卧狮首图案，其中每面砖雕两边雕刻缠枝花，须弥座之上是塔台，塔台周围雕刻着"卍"字锦纹，下边以一组砖雕仿木式斗拱进行承托。塔台之上用砖雕砌成大型仰莲花瓣，组成一个巨大的莲花座，莲花座中央为塔身部分，塔身正面雕刻出一个双扇仿木式假门。假门每扇为四抹，门扇上部分雕刻斜搭斜交方眼花棂。下面雕刻如意云头图案，假门之上为塔铭，塔身其余五面中，两面各雕一个方形假窗，窗中砖雕"卍"字窗棂，三面为素面无纹饰，塔身的六个转角上各用砖雕刻出一座三级经幢式塔，塔身之上是五级密檐，除第一层有斗拱外，其他层无斗拱，密檐之上是塔刹部分，刹座由两层仰莲花瓣组成，上面托着一颗宝珠封顶。

（四）摩崖石刻

在山崖上直接刻写文字或雕刻造像所形成的石刻称之为摩崖石刻。摩崖石刻属于山区特有的人文遗迹，古代石匠借助山区独特的地理位置在崖壁之上摩刻造像及题记，多为传播佛法记事之用。门头沟地区的摩崖石刻众多，目前发现年代最早的摩崖石刻为《大魏武定三年摩崖题记》，该处摩崖石刻也是北京地区年代最早的摩崖石刻，而年代最晚的为刻于1941年的《挺进军题刻》。元代摩崖石刻只在潭柘寺镇发现一处，该摩崖石刻残存于门头沟区潭柘寺镇鲁家滩村南沟峪内，于崖壁之上竖刻"大元三（下缺）五月年"。

（五）石雕类

石雕属于单独艺术形式，以石为原料的雕刻艺术品。此类石刻目前在门头沟区发现有元代天王石造像、元代石狮。

天王石造像，据《门头沟文物志》记载："1970年出土于塔河口，1984年文物所从杜家庄征集，石像保存完好。汉白玉质，高43厘米，宽31厘米。石像有尖状背龛，为天王坐像，身披铠甲，手持宝剑，龛背刻铭文：'泰定四年四月十五日，发意人陈提点，塔河瑞口子金王口得用。'1995年移交区博物馆收藏。"

元代石狮，现存于雁翅镇山神庙村西北山沟内。石狮通高95厘米，长73厘米，头部宽30厘米，上部最窄处30厘米，下部最宽处52厘米，后腿与前腿跨度29厘米，宽54厘米。石狮是发洪水时由别处冲到这里，原摆放位置不详。出土时右腿已残，但并未倒地。现右腿明显能看到拼接痕迹，因年代久远，风化严重。石狮呈卧姿，与一般的门前石狮有所不同的是，这尊石狮脚下未踩绣球及幼狮，颈前挂铃铛，体态轮阔清晰，脑门自然隆起，下颌裂开，上下牙齿外露，眼窝较深，圆眼球凸起，仿佛眼中闪着寒光，鼻根微微鼓起，头部卷毛分布均匀，布满眼以上至颈部，耳朵呈叶片状，下垂至头后。石狮尾细长，自后腿间向前弯曲，其造型夸张，刻工粗犷，神态可掬，是京西门头沟区难得的石刻艺术珍品。而以"卧姿"的形式，更显其镇守一方之势，给人以威猛沉稳之感。通过笔者对该石狮的外形特征进行分析并结合文献资料，判定其具有元代石狮特点，且应是门前摆放的成对石狮中之一。

三、元代石刻研究价值

（一）关于特殊年号

元朝作为由蒙古少数民族统治的朝代，共使用18个年号。但是在元朝建立初期即1206—1260年之间常以干支纪年、大周朝元等特殊年号称呼。门头沟区白瀑寺的故衍公长老塔幢落款"大周朝元元年"就是这一特殊纪年的代表。

塔幢原存于门头沟区雁翅镇淤白村白瀑寺,现存于永定河文化博物馆,仅存幢身,幢身高0.78米,直径0.38米,每面宽0.15米。汉白玉石质,八棱形,幢身八面竖刻楷体字28行,满行27字,共计726字。其中漫漶不清35字。

幢身面一刻"故衍公长老塔,大周朝元元年,淤泥坑、白瀑岭村敬建"。其中提到的"大周朝元元年"不见中国历史正朔纪年记载,据《新日下访碑录》(门头沟卷)一书作者认为:"碑年款署'大周朝元元年',这是一个存在于蔚州至北京西部山地这片广阔的山间地带的蒙古族政权的年号,这个政权是蒙古族统治者内部政治斗争的产物,其政治中心远离燕京地区。中国历史正朔纪年并无此年号,这是研究北京金元历史的重要实物资料。"其余七面刻"白瀑寿峰禅院第九代衍公长老塔铭",文曰:"师讳源衍,晋囗洪洞平水人也,俗姓司氏。生而有异,长而不群。囗父囗囗之年,囗所慕出家,父从而投本府大慈云寺罗囗囗囗囗囗祝发。习《圆觉》《金刚》,深通玄奥,当时流辈咸宗让之。……阇维日所现异瑞不可具载。门人聚骨石,一分葬于天王祖坟,一分竖塔于白瀑西溪之上。……戊申岁五月建,住持白瀑寿峰禅院本勤竖塔。"幢文记述,师讳源衍,俗姓司氏,洪洞县平水人也,受其父影响,崇信佛教,在本府大慈云寺祝发出家,学习《圆觉经》《金刚经》,后因战乱,晋地失守,遂与师北行,至蔚州天王寺,受师父影响,大彻大悟,遂放弃昔日习佛之道,游历四方,参禅问道,初参超公,复请嵩公,后拜谒庆寿寺海云禅师,此后又至白瀑寺。辛酉(1201)初,白瀑虚席,有司请衍公任住持。后退隐黑牛,编茅自居。时柘水知,再次任白瀑寺住持。丁未(1247)春,蔚萝僚属听闻衍公佛法深远,请师住持天王寺。后衍公圆寂于天王寺,门人聚灵骨分葬于蔚州天王寺祖坟及白瀑寺西溪之上。其中葬于白瀑寺的衍公塔幢由白瀑寺本勤住持于戊申岁(1248)五月竖塔建。

(二)佛道关系研究

佛道之争由来已久,在唐代、元代发展至严重对立,特别是在元代道教势力侵占佛教事件时常发生。在门头沟斋堂镇灵岳寺大殿内就存有这样一通石碑。此碑名为《重修灵岳寺记》,两面刻文,仅存碑身,石灰石质,下缺一角,碑高1.25米,宽0.84米,厚0.16米。其中碑阳文曰:"佛教来震旦,肇自东汉永平年,明帝梦金人遣使西迎三藏,摩腾、竺法兰二大士,白马驮经……有山曰白铁,突然秀出,势压群峰,中有精蓝曰灵岳寺,唐贞观年中创建。五代烽起,稍废。……大元至元三十年岁次癸巳五月十九日立石。燕山朱秀刊。"碑文记述,佛教于东汉永平年传入,白马驮经,以火验之,唯佛经不焚,明帝颁诏,创建佛寺广度僧众,斋堂有山曰白铁,其山峰峦竞秀,风景殊丽,势压群峰,山中有古刹曰灵岳寺,唐贞观年创建,至五代战乱寺废。后因道士黄冠蔡某侵占、摧毁佛像。至元代,感念大元皇帝遍修梵刹。1256年,诏凡天下道士侵占佛寺者,诸路上报,共计四百八十二处。缘恩将灵岳寺被道士侵占一事告官,至戊午岁(1258),奉旨改正,将道士所占寺内二百三十七处归还僧人。但道士甘蒙等辈,抗拒诏命,后被正法。后缘恩住持本寺兴修佛刹,又置田产四至,并将田产之亩步、人物之名目刻于碑阴。而后缘恩又将灵岳寺下院之宝峰寺的佛殿、钟楼、僧舍进行重修。

碑阴残存430字,文曰:"大元岁次戊午春,钦奉圣旨改正此寺时知见耆老人员……东斋堂……灵岳寺田产地段四至开立于后。本寺并赡寺地土四至,东至秋林塔,南至歇场安……住持宗主云庵禅师遗嘱小师辈……大元至元三十年月日遗诫灵岳寺住持宗主云庵禅师缘恩立。"碑文记述，钦奉圣旨将灵岳寺由道士侵占寺产归还，并将改正此寺时作证的耆老人员列出，包括东斋堂、西斋堂及落发小师人等，由住持云庵禅师遗诫后人，无论何时，无论僧众身份高低，当以寺门兴盛、法道流行为使命。并列出灵岳寺田产地段四至。碑文内容真实反映了这一时期发生的佛道之争事件，并以佛教胜利宣告结束。

（三）对著名高僧的研究

1. 通悟大师

通悟大师是金元之际的一位高僧。弘扬佛法，足迹遍及房山与门头沟等京西地区。据原存于门头沟区斋堂镇沿河城村柏山寺北山坡间的《德兴府樊山县圣泉柏山寺故通悟大师玄公塔铭并叙》记载，通悟大师亦号龙溪老人，生于大定二十五年（1185）十二月二十五，卒于蒙哥汗五年（1255）。古塔已毁，塔铭现存永定河文化博物馆。汉白玉质，长0.5、宽0.42米，存石碑两通，其中一石碑竖刻楷体字共22行，满行28字，内容记述通悟大师生平事迹。石碑二竖刻楷体字共19行，满行3—16字不等，内容记述修塔众弟子姓名。二碑共计830字。进士王庭珪撰并书篆，丁巳年（蒙哥汗七年，1257）三月弟子宗主道理建。

据《门头沟区一九五八年文物普查资料》记载，门头沟沿河城乡西城门外山腰原有古塔一座，古塔坐北朝南，砖砌六角形和尚塔，砖砌须弥座，上刻万字花纹和雀替花纹，三檐转角斗拱，每层檐的斗拱为三踩单翘，每角宽1.08米，高4米，塔正前刻有篆字"通悟大师玄公灵塔"。下有两扇砖门，后有两扇窗，塔右侧有石刻塔记，左侧为修塔人名。

该塔铭记载："师讳祖玄，通悟乃师号也，亦号龙溪老人，俗姓杨，祖居本土人也。幼礼花严大师受戒……本府官众请师住持法云等，复完殿宇重新圣像。后策之大师居于他所实为愧也，况乡中古刹皆已煨烬。书状再三请师，重新诸圣之法像再纪白莲之社众乃朱窝、结石、大明等寺，复得修完者，皆师之德力……师大定二十五年十二月二十五日生，至乙卯年三月二十七日遗颂辞其大众。"碑文中涉及很多重要历史信息。如"值兵革之际"与"重建龙泉大历禅寺之碑"中提到的"未几，适值干戈四起"，当指金末蒙军攻打中都及周边地区。通悟大师在多座佛寺弘扬佛法，逢金末元初于乱世，并以佛法度黎民于水火之中，这一时期的中都时常受到蒙军袭击，已处在风雨飘摇之中，随时会陷落。据《元史》载："六年……九月，拔德兴府，居庸关守将遁去。遮别遂入关，抵中都。""八年……是秋，分兵三道……帝至中都，三道兵还，合屯大口。是岁，河北郡县尽拔，唯中都、通、顺、真定、清、沃、大名、东平、德、邳、海州十一城不下。""九年……六月，金纥军斫答等杀其主帅，率众来降。诏三摸合、石抹明安与斫答等围中都。"蒙古成吉思汗十年（1215）蒙军最终占领中都，后本府官员请师住持法云等寺，碑中提到的"法云寺"，即金章宗营造的西山八大水院之一——香水院。据景爱、苗天娥《金章宗西山八大水院考（上）》研究："在海淀区北安河北、妙高峰下原有法云寺，群山环绕，景色幽深，清泉淙淙，宛若仙境，此即金章宗的香水院，史籍中记载非常明确。"通悟大师圆寂升天之时"天色晴明，彩云屡现，祥风邃生，使数尺灵幡崛然而起于空中，离地约百余丈，见之者无不骇然"。灰尽烟灭，得舍利许多，于大明及该寺分建二塔供奉之。并由进士王廷珪撰写塔铭。塔铭内容是对通悟大师一生传法功绩的高度概括，其用词之精辟，可知玄公立于朗朗乾坤，历兵革而坚持弘法，彰显了一代名僧崇高的佛教精神。

据笔者实地调查，房山区河北镇云蒙山麓万佛堂孔水洞旁立有一通石碑，即窝阔台九年（1237）立《重建龙泉大历禅寺之碑》，该碑与通悟大师关系密切。碑文记载了历史上一次重建龙泉大历禅寺的经过。据碑文载，宋、金攻打辽爆发"辽末烽火""宋金兵革"，金军夺取燕云十六州。龙泉大历禅寺皆为灰烬之余。后有海慧、玄觉住持龙泉大历禅寺。玄觉示灭后，"有司命龙溪老人开堂住持"。不久，蒙军攻打中都，龙泉大历禅寺再次被毁。后中都归于蒙军统治，战事平息。由此可知，龙溪老人成为了有记载的金代最后一位该寺住持。"由乃龙溪老人于庚寅年退居圆明之后……"从碑文可知，窝阔台二年（1230）龙溪老人退居燕京圆明禅寺。到被战乱摧毁的龙泉古刹故地重游之时，感慨万千，"发上圣心，不任久废"。他决定重建古刹。龙溪老人不但完成了对龙泉大历禅寺的建筑重建，还制定了佛门寺规，约束僧众言行。碑阴所刻《龙溪规式遗言之记》详细记录了清规戒律的内容，以告诫僧众遵照执行，使该寺逐步步入正轨。至此，龙泉大历禅寺完成了由废毁至重兴的转变，龙溪老人功不可没。此碑真实记录了龙溪老人传法史实。

2. 林泉从伦

林泉从伦，元代曹洞宗名僧，他以文章出众和高深的佛教造诣而享誉当时大都佛教界，是金代著名高僧万松弟子。据《佛学大词典》载："从伦，元初曹洞宗禅僧。号林泉。生卒年不详。参谒燕京报恩寺万松行秀有省悟，为其法嗣，初住万寿寺，并继其师主持报恩寺。世祖九年奉诏入内殿，尝与帝师论道，发挥禅学大要，委婉奏上宗密之禅源诸诠集。世祖十八年十月，师于大都悯忠寺焚烧道藏伪经，除《道德经》外尽行烧毁。对投子义青之颂古一百则与丹霞子淳之颂古一百则均加以着与评唱，汇集为《空谷集》《虚堂集》。"门头沟地区记载有林泉从伦的石刻，目前发现有两通碑刻，分别是月泉新公禅师塔幢和《重修牛心山慧禅院记》碑。

月泉新公禅师塔幢，元至元二十八年（1291）岁次辛卯立。大都万寿退隐林泉老人从伦撰文，大都奉福禅寺南溪野衲居实书丹，住持山主成璞、成璋、思济等建。原在西峰寺，后移戒台寺，现立于戒台殿院门外，保存较好。塔幢通高224厘米，仅幢身为月泉新公塔幢旧物，须弥座、幢檐及宝珠塔刹为后来拼凑而成。八角形须弥座上为八边形幢身，幢身正面线刻菱花对窗，其上三朵如意云捧莲花，再上篆额分三行"故月泉新公禅师灵塔"，首题"大都鞍山慧聚禅寺月泉新公长老塔铭并序"，其后接刻月泉行实，幢身高120厘米，边宽16厘米。幢身之上为八边形幢檐，其中每面拱尖形龛内浮雕八幅伎乐人，均为女子坐姿形象，手持乐器，袒胸跣足，边奏边舞，具有辽代佛教人物特征。伎乐人手持乐器各有不同，分别为琴、曲颈琵琶、排箫、龙首笛、贝、笙、拍板，还有一位伎乐袒上身，赤足，双手各持帔帛一端，一腿屈膝，一足外伸，正在翩翩起舞。八尊伎乐造像均头顶花冠，胸前配璎珞宝珠，双手腕带镯子，姿态婀娜多姿。幢檐之上为花岗岩质葫芦形塔刹，中间刻连珠文。

幢文竖刻楷体字共44行，满行47字，共计1426字，其中有2字漫漶不清。据幢文记载，"今洞山之下，万松一枝"，当指慧聚禅寺继承燕京报恩寺万松行秀禅师法脉。而松之法孙月泉新公长老者，名同新，字仲益，号月泉，燕都房山神宁太平里双明居士郭君次子也，母延氏。月泉自幼喜佛，读书过目成诵。"癸丑春，安山耆宿，具疏坚请，开堂演法，而住持之时，海云宗师同伸劝请，是日，林泉亦为引坐，度衣而已，在会权豪仕庶，翕然增敬"。在众多高僧的规劝下，月泉终于答应开坛讲法，林泉亲自为其赶制衣服。二人之间的深厚友谊可见一斑。月泉禅师住持惠聚寺期间增修产业，开拓山林，整修殿舍，弘扬佛法。至元六年（1269），大元帝师八思巴命月泉禅师赴济南十方灵岩禅寺传法。至元二十二年（1285）月泉禅师圆寂，世寿六十有六，僧腊四十有五。

灵骨分三处建塔供奉，分别是济南十方灵岩禅寺、马鞍山慧聚禅寺、房山神宁乡太平里祖茔。

《重修牛心山慧禅院记》碑于2007年出土于门头沟区永定镇冯村小学施工现场，现存永定河文化博物馆，两面刻文，碑阳朝上，首身一体，方首抹角，大理石质，高1米，宽0.58米，厚0.12米，文曰："重修牛心山慧禅院记。昔鹫峰、鸡足、剑阁、龙门皆谓形势相肖而立名焉，想牛心之称亦由是也。道人远离尘嚣，修习静虑，知清净，慧因禅定生，终日圆觉而欲住持圆觉，凡夫圣人，若豪忽之差，即云泥有隔，以此观之，慧禅之号非苟然也。……至元十三年丙子岁三月旦日，大都报恩禅寺传法住持嗣祖林泉野老从伦记。石匠郭仲俨刊。"碑座无存，碑阳字长3厘米，宽2厘米，碑文楷体竖刻共16行，满行25字，共计375字，其中9字漫漶不清。碑阴竖刻楷体字共17行，能辨字共289字。文曰："院家地土产□园林段□□□（下缺）院前地一段，东至涧、南至涧（下缺）东西地一段，东至涧、南至涧、西至道……至元十五年三月日同立石。"碑文由林泉从伦撰写，记述了慧禅院的建寺经过，及圆觉升任住持后，开始对寺院进行大规模的重建，碑阴则详细记载了寺院地产范围，该碑有助于我们了解元代这一地区的佛教发展轨迹，以及与大都其他寺院的关系等问题。

3. 海云宗师

海云宗师，名印简，山西岚谷宁远人（今山西岚县）。八岁出家，十一岁受具足戒。二十岁入燕京大庆寿寺（即双塔庆寿寺，其地在今西长安街电报大楼附近），不久接中和章公之法，住持该寺，成为临济宗第十六代祖师。他一生屡受蒙元统治者推崇。忽必烈在位时曾对他十分尊重，曾两次召他询问治国之道。海云圆寂后，忽必烈敕令在大庆寿寺西南隅建塔供奉身骨，并赐谥号"佛日圆明海云大宗师"。门头沟地区记载有海云宗师的石刻，分别是月泉新公禅师塔幢、白瀑寺海云法师塔幢、勤公禅师塔幢及潭柘寺塔林内的海云禅师塔铭。

月泉新公禅师塔幢上文已详述，据幢文记载，蒙古宪宗三年（1253），"癸丑春，安山耆宿，具疏坚请，开堂演法，而住持之时，海云宗师同伸劝请，是日，林泉亦为引坐，度衣而已，在会权豪仕庶，翕然增敬"。可知海云作为众多规劝僧人之一，也为月泉禅师开坛讲法发挥了一定作用。

白瀑寺海云法师塔幢，原存于雁翅镇淤白村白瀑寺，今不详。据《门头沟区一九五八年文物普查资料》记载，海云法师塔幢原存于白瀑寺山门外台阶下，为汉白玉石质，至元十七年（1280）正月十六日立。幢文记述海云法师事迹。

勤公禅师塔幢，原存于门头沟区雁翅镇淤白村白瀑寺，现存于门头沟区博物馆。仅存幢身，幢身高90厘米，直径36厘米，大边宽18厘米，小边宽10厘米。汉白玉石质，八棱形，幢身面一额题"勤公禅师之塔"六个大字，居中线刻大师跏坐影像，再下线刻四抹双扇门窗。面二至面八刻"金城山白瀑寿峰禅寺第十一代勤公禅师塔铭"，竖刻楷体字28行，满行28字，共计666字。文曰："师法讳本勤，安静其自号，俗姓刘氏，祖居相州临川之杨村。……值金国扰攘，与父母逃难仰山，因家焉，留寓久之。一日游白瀑，睹泉石清雅，树林深蔚，决志出家。年甫弱冠，礼懒牧归和尚为师，薙发受具。……庚戌春，偶白瀑虚席，僧众恳于庆寿海云宗师，即出疏开堂请师出世，师领白瀑之命。……至元二十一禩，又赴潭柘之请，学徒奔趋，履满门外。潭柘兵革，荒废之余，得师为盛。……师寿八十二，僧腊五十二。至元二十七年正月十六日，安静微恙，卒于白瀑。……大德二年五月日，男文昌、男文秉、男子□、男子贵、□孙文惠、温文柔同立。白瀑寿峰禅寺住持、传法嗣祖小师崇喜竖塔。"幢文记述，师法讳本勤，号安静，俗姓刘氏，祖居相州（今河南安阳县一带）临川之杨村。母尤氏，于蒙古成吉思汗四年（1209）生下本勤。值金国扰攘，与父母逃难仰山。一日游白瀑寺，见泉石清雅，树林深蔚，决志出家。礼懒牧归和尚为师。庚戌（1250）春白瀑寺虚席，僧众恳请庆寿寺海云宗师说服本勤任白瀑寺住持，此后四十余年，古刹殿宇鼎新，金碧相辉。至元二十一年（1284）又赴潭柘寺之请，开坛说法，使因兵革战乱荒废之潭柘寺再度兴盛。至元二十七年（1290）正月十六日，卒于白瀑寺。师寿八十二，僧腊五十二。由白瀑寺住持崇喜及众弟子于大德二年（1298）五月竖塔。

海云宗师灵塔塔铭，镶嵌于海云宗师塔塔身南面，竖刻楷体字四行文曰："佛日圆明海云大宗师之灵塔"，海云宗师塔现存于门头沟区潭柘寺下塔院中。坐北朝南，六角七级实心密檐塔。青砖砌筑，塔高20余米，塔基座为六边形双层须弥座，其中一层须弥座束腰中每面各砖雕三个火焰形龛，龛中雕狮首造型，二层须弥座束腰中每面各砖雕两个火焰形龛，龛中原雕狮首造型，今已不存，在龛的两边雕刻缠枝花，两龛之间砖雕梅花鹿，须弥座之上是塔台，塔台周围雕刻着"卍"字锦纹，上边是一组砖雕花卉，下边以一组砖雕仿木式斗拱进行承托。塔台之上用砖雕砌成三层大型仰莲花瓣，组成一个巨大的莲花座，莲花座中央为塔身部分，塔身南面和北面各雕刻出一个双扇仿木式假门。假门每扇为四抹，南面门扇上部分雕刻圆形方孔花棂，北面门扇上部分雕刻"卍"字花棂。下面雕刻如意云头图案，在门上边是拱券式门楣，其中，南面顶部砖雕两尊飞翔的飞天，北面顶部砖雕两条游龙，南面及北面门楣中央砖雕已残毁。南面门楣之上为方形塔铭，塔身其余四面各雕刻一个方形假窗，窗中砖雕"卍"字窗棂、圆形方孔窗棂。塔身顶部砖雕垂云图案。塔身之上是七层密檐，每层檐上砖雕垂脊、瓦垄、勾头和滴水。檐下砖雕仿木式斗拱，每层檐的转角处原悬挂有塔铃，今已无存。密檐之上是塔刹部分，刹座由两层仰莲花瓣组成，其上为三颗宝珠封顶。

四、结语

京西门头沟地区作为蒙元统治大都的重要区域，区内遗存的元代史迹是研究元代北京地域文化的重要组成部分。在现存的元代文化遗存中，元代石刻仍然是最多的，因石刻年代久远，表面文字多已风化，且有些石刻已消失不存。经过初步整理分类，26件元代石刻中，碑刻7件，塔幢8件，墓志8件，摩崖1件，石雕2件。且以宗教类石刻居多，反映这一地区延续前朝崇佛之风。在宗教刻石中绝大多数为佛教刻石，有20件，占到了门头沟区元代石刻总量的一半以上。自古凡佛法所到之处，必先创建梵刹庙宇。门头沟区的佛教古刹早在西晋时期就以盛行，晋愍帝建兴四年（316），在区境内修建佛教名刹潭柘寺，元代延续前朝兴佛盛况，在这些元代石刻中涉及到的京西古寺共有12座，这些古寺建寺历史久远，如著名的白瀑寺、柏山寺、仰山寺及灵岳寺皆创建于唐代，元朝得到重修和发展。这说明元朝时期，佛教文化在京西地区依然兴盛。

本文通过对门头沟区元代石刻做基础性梳理工作，多次对现存于区内各地的元代石刻进行实地调查，尽量做到全面收录。这些元代石刻所涉及的内容相当丰富，这些考古资料均为当时人所撰文，可信度较高，为研究元代政治经济、宗教文化、历史地理等提供了丰富资料，所以我们有责任保护它，也有责任研究它，从而为深入挖掘西山历史文化作出积极贡献。

附表：门头沟区现存元代石刻统计表

序号	名　　称	年　代	石质	类别	现存地点	备注
1	归云禅师塔幢	蒙古定宗二年（1247）	汉白玉	塔幢类	潭柘寺下塔院	
2	故衍公长老塔幢	蒙古定宗三年（1248）	汉白玉	塔幢类	永定河文化博物馆	
3	故通悟大师玄公塔铭并叙	蒙古宪宗七年（1257）	汉白玉	墓志类	永定河文化博物馆	
4	宗公长老寿塔	至元九年（1272）	汉白玉	塔幢类	潭柘寺下塔院	
5	西堂万泉文公大禅师塔铭	至元十四年（1277）	汉白玉	墓志类	潭柘寺下塔院	
6	白瀑寺海云法师塔幢	至元十七年（1280）	汉白玉	塔幢类	不详	
7	元故月泉新公禅师塔幢	至元二十八年（1291）	汉白玉	塔幢类	戒台寺	
8	慧公禅师塔幢	至元二十九年（1292）	汉白玉	塔幢类	潭柘寺下塔院	
9	勤公禅师塔幢	大德二年（1298）	汉白玉	塔幢类	永定河文化博物馆	
10	仰山栖隐禅寺第二十六代满禅师寿塔铭并序	大德十一年（1307）	大理石	墓志类	妙峰山镇樱桃沟村	
11	瑞云霭公长老灵塔铭	大德年间	汉白玉	墓志类	潭柘寺下塔院	
12	龙岩寺住持宗主正纯公塔幢	元统二年（1334）	汉白玉	塔幢类	王平镇吕家坡村	
13	吉胜寺重修碑	至元十三年（1276）	不详	碑刻类	不详	据《宛署杂记》记载
14	重修牛心山慧禅院记	至元十五年（1278）	大理石	碑刻类	永定河文化博物馆	
15	重修通仙观碑铭并序	至元二十八年（1291）	汉白玉	碑刻类	清水镇燕家台村	
16	重修灵岳寺记	至元三十年（1293）	石灰石	碑刻类	斋堂镇灵岳寺	
17	杨居士墓志铭	至元三十年（1293）	汉白玉	墓志类	不详	据《门头沟文物志》记载
18	白瀑寿峰禅寺产业之记	元贞丙申年（1296）	汉白玉	碑刻类	永定河文化博物馆	
19	宋氏孝行之碣	延佑四年（1317）	石灰岩	碑刻类	斋堂镇东斋堂村	据《门头沟文史》25辑记载
20	赵君墓碑	元代	汉白玉	碑刻类	永定河文化博物馆	
21	天王石造像	泰定四年（1327）	汉白玉	石雕类	永定河文化博物馆	
22	元代石狮	元代	白云岩	石雕类	雁翅镇山神庙村	
23	柏山智公长老寿塔塔铭	元代	汉白玉	墓志类	潭柘寺下塔院	
24	海云宗师灵塔塔铭	元代	大理石	墓志类	潭柘寺下塔院	
25	妙严大师塔塔铭	元代	汉白玉	墓志类	潭柘寺下塔院	
26	潭柘寺镇摩崖石刻	元代	石灰岩	摩崖类	潭柘寺镇鲁家滩村	

（作者单位：门头沟区文物管理所）

晏公祠儒家道统石刻考

魏晋茹　张鹏飞　岳升阳

晏公祠位于北京市海淀区四季青镇的万安山麓，明朝正德七年（1512）由太监晏宏所建。晏公祠距今已有500多年的历史，被列为海淀区文物保护单位。晏公祠见诸《帝京景物略》《长安客话》《日下旧闻考》《宸垣识略》等明清文献记载，但其石壁上大量与儒家宋明理学相关的刻字未得到重视，导致部分风化脱落。本文主要根据海淀区文委1985年文物普查拓片、北京石刻艺术博物馆藏拓片，并参考2013年和2015年现场勘查的照片和拓片资料，尝试解读晏公祠石壁上有关儒家的文字，借此进一步考察这座独特的儒家庙宇及其所反映的社会观念。

一、晏公祠、道统庙及建庙者

晏公祠遗址现存两座建筑：地藏殿和停云岩。地藏殿，坐北朝南，面阔三间，明间开门，两次间各开一窗，殿壁用暗红色岩石及青石砌筑而成（图一）。停云岩位于地藏殿东偏北方向，为一石洞，洞额书"停云岩"三字，坐北朝南，拱券顶，面阔三间，明间与两次间之间有石券门相通，东边窗户上方刻"邀月洞"三字（图二）。晏公祠原名道统庙，其主殿在后代重修时被改称为地藏殿（为行文方便，下文均称地藏殿）。

道统庙由太监晏宏主持修建。晏宏生于明天顺七年（1463），卒于嘉靖十三年（1534），年七十二，字约之，号束斋，"其先楚人"，幼年入宫，弘治初升至太监，赐蟒衣玉带。嘉靖时镇守陕西，修身重道，廉平安静，为世人所称赞[①]。晏宏崇尚儒学文教，编刻《通鉴纲目》《小学》等书。严嵩任南京吏部尚书时亲自为晏宏撰写墓志铭[②]。

二、儒家道统文字

（一）地藏殿外壁南墙

地藏殿是原道统庙的主殿，其外壁南墙的位置十分显著，上面刻写两段南宋理学家胡宏的言论，整理如下：

图一　地藏殿修缮前后

图二　"停云岩"修缮前后

1. 南墙西侧

五峯胡氏曰胡□□□仁仲，崇安人號五峯文□□安國季子也。鴻荒之時亦猶日之夜、月之晦、時之冬焉。生消升降□□□始，於穆天命不已而成四時之造化。於□□□體，是以為三綱之禮樂。事本乎道，道藏□□，□生人，人成天，三皇尸其體，五帝妙其用，□□□武成其功，孔子孟軻傳其學，軻之死，雖未得其傳者，惟皇上帝降衷于下民，若有恒性，何莫由斯道也。

这段刻字开头"五峰胡氏曰"交代作者是胡宏。胡宏（1102—1161），字仁仲，号五峰，人称五峰先生，崇安（今福建崇安）人，是北宋经学家胡安国的儿子。刻字正文与胡宏《皇王大纪》中的内容相似，但版本有所差别。本文分别对照《皇王大纪》的明万历陈邦瞻刻本、清文渊阁四库本和《五峰集·皇王大纪论》的清文渊阁四库本及《胡宏集》的中华书局点校本③，发现这段刻字与以上四个版本均有差异，见表一。

2. 南墙东侧

五峯胡氏曰：愚讀□□□□□□□□□之遠也。後世有□□□□，人猶追思而祀之，是數□□□□，曾不得推苗裔，□□□□□□報也。人於天地間，治其國家，上之□□，□□□理，中之人倫，衣食之源，器用之□，□□□，禮樂之則，誰□明制作之也而忘□□□人，駕一偏空說，失事理之正，而其□□□□據名山中華，巍業相望，□□□□□滅三綱之人而豢養之。此何道也？其不□不殖，侵漁民利，耗□民財，乃細事耳。為政者恬不以□慮，諸華無人，可悲之甚矣。

这段刻字与胡宏《皇王大纪》中的内容相似，但亦与上文所列版本有所差异，见表二。

以上两段刻字与现存胡宏著作中的文字均有差异。一方面，晏宏参照的可能是一个未流传下来的胡宏著作的版本；另一方面可能是晏宏所参考的道统书中转引了

表一 地藏殿外壁南墙西侧刻字版本对照表

刻字	《皇王大纪》明刻本	《皇王大纪》四库本	《五峰集》四库本	《胡宏集》点校本
鸿荒之时	（潜心三皇之纪，则知太和保合无穷之道。无始而有始，无终而有终者也。是故有）鸿荒之时	（潜心三皇之纪，则知太和保合、生育无穷之道。无始而有始，无终而有终者也。是故有）鸿荒之时	（潜心三皇之纪，则知太和保合、生育无穷之道。无始而有始，无终而有终者也。是故有）鸿荒之时	（潜心三皇之纪，则知太和保合、生育无穷之道。无始而有始，无终而有终者也。是故有）鸿荒之时
生消升降	生消升降	生消升降	盈虚升降	盈虚升降
于穆天命不已	于穆天命不已	于穆天命不已	于穆之不已	于穆之不已
三皇尸其体	三皇神其体	三皇神其体	三皇尸其体	三皇尸其体
若有恒性，何莫由斯道也	若有恒性，谁能出不由户，何莫由斯道也	若有恒性，谁能出不由户，何莫由斯道也	若有恒性，谁能出不由户，何莫由斯道也	若有恒性，谁能出不由户，何莫由斯道也

表二 地藏殿外壁南墙东侧刻字版本对照表

刻字	《皇王大纪》明刻本	《皇王大纪》四库本	《五峰集》四库本	《胡宏集》点校本
人于天地间治其国家	有天下者，端拱九重之内，治国家。	有天下者，端拱九重之内，治国家。	有天下者，端拱九重之内，治国家	有天下者，端拱九重之内，治国家。
衣食之源	衣食之原	衣食之原	衣食之源	衣食之源
失事理之正	失事理之制	失事理之制	失事理之正	失事理之正
□据名山中华	蟠据名山中华	蟠据名山中华	盘踞中华名山	盘踞中华名山
其不□不植	其不耕不殖	其不耕不殖	五谷不植	五谷不植
可悲之甚矣	可悲之甚矣	可悲之甚矣	可悲之甚也	可悲之甚也

胡宏著作的内容，并有所删改，晏宏本人并未直接看到胡宏著作。总之，这两段刻字对胡宏著作的版本有重要的参考价值。

《皇王大纪》是胡宏编写的一部编年体史书，作于南宋绍兴十一年（1141），所记历史年代上起盘古，下至周赧王，胡宏在一些篇目后有论赞。外壁南墙西侧刻字强调了宋明理学的"道统"思想，胡宏认为儒家之"道"至周文武王"成其功"，孔孟"传其学"。南壁东侧刻字表明对天下万世有功的上古圣贤没有"推苗裔、立宗子、建庙廷"，而佛教却在全国各地广建佛寺，指出佛教过盛的危害。

在道统庙正殿外墙的显著位置刻写这两段文字，一方面隐含晏宏崇儒排佛的思想，另一方面也表明胡宏在创建"道统说"中的重要地位和影响。胡宏的学术师承为杨时、侯师圣和其父胡安国，这三人均是程颐、程颢的门人后学，对胡宏的学术思想有重要影响。宋高宗绍兴八年（1138），胡宏隐居湖南湘潭，开书院讲学，成为宋代湖湘学派的代表人物，《宋元学案·五峰学案》称其"卒开湖湘之学统"。湖湘学派的学术源流，上可追溯至周敦颐，下至胡安国、胡宏、张栻、朱熹构成一个完整的学统。从此，"湖南道学一时为天下宗"，"理学大著，渊源不绝，先圣之道，赖以不坠"，湖湘学统深植于士人官绅之心④。今人研究认为，道统之说在明清以前分"道统"和"道学"，上古三皇五帝周文武王内圣外王兼备，"继天立极"，传授"道统"；至孔孟诸圣，虽贤于尧舜，但因"不得其位"，便只能"传其学"，是为"道学"。明清以来，论道统者则"上自尧舜禹汤文武，下及周、程、张、朱……统而一之"⑤。这从地藏殿内石像的设置可见一斑，《帝京景物略》载："石殿三楹，像皆石，上像三皇五帝三王，左像周召孔孟诸圣贤，右像周程张朱诸大儒……"⑥

（二）地藏殿门口两壁

地藏殿门口两壁的刻字，整理如下：

夔曰："戛击鸣球、搏拊、琴瑟，以咏。祖考来格，虞宾在位，羣□□□。下管鼗鼓，合止柷敔，笙镛以间。鸟兽跄跄，箫韶九成，□□□仪。"戛击，考击也。鸣球，玉磬名也。搏，至；拊，循也。乐之始□，□於堂上，则堂上之乐惟取其声之轻清者，与人声相□，□□以咏。盖戛击鸣球，搏拊琴瑟，以合咏歌之声也。格，□□□思之格。虞宾，丹朱也。尧之后，爲賓於虞，猶微子作賓於周也。丹□□位，與□□群后，以德相讓，則人無不和可知矣。下，堂下之樂也。管，猶□禮所謂陰竹之管、孤竹之管、絲竹之管也。鼗鼓，如鼓而小，有柄，持而搖之，則旁耳自擊。柷敔，郭璞云："柷，如漆桶，方二尺□寸，深一尺八寸，中有椎柄，連底撞之令左□□。□，□□□□，背上有二十七鉏鋙刻，以籈櫟之。籈長一尺，以木爲之。始作也，擊柷以合之。及其將終也，則櫟敔以止之。"蓋節樂之器也。笙，以匏爲之，列管於匏中，又施簧於管端。鏞，大鍾也。葉氏曰："鍾與笙相應者曰笙鍾，與歌相應者曰頌鍾。頌，或謂之鏞，《詩》'賁鼓維鏞'是也。"大射禮："樂人宿縣于阼階東，笙磬西面，其南笙鍾；西階之西，頌磬東面，其南頌鍾。"頌鍾，即鏞鍾也。上言以詠，此言以間，相對而言，蓋□□□□□。《鄉飲酒禮》："乃歌鹿鳴，笙南陔；間歌魚麗，笙由庚。"或其遺制也。跄跄，行動之貌。言樂音不獨感神人，至於鳥獸無知，亦且相率而舞，蹌蹌然也。□，古文作简，舞者所執之物。《說文》云："樂名箾韶。季札觀周樂，見舞韶箾者。"則箾韶蓋舜樂之總名也，今文作簫，故先儒誤以簫管釋之。九成者，樂之九成也。功以九叙，故樂以九成。九成，猶《周禮》所謂九變也。孔子曰："樂者，象成者也，故曰成。"鳳凰，羽族之靈者。其雄爲鳳，其雌爲凰。來儀者，來舞而有容儀也。戛擊鳴球、搏拊、琴瑟以詠，堂

文物研究

上之樂也。下管鼗鼓，合止柷敔，笙鏞以間，堂下之樂也。唐孔氏曰："樂之作也，依上下而遞奏，間合而後曲成。祖考尊，神，故言於堂上之樂；鳥獸微物，故言於堂下之樂。九成□□，尊異靈瑞，故別言之。非堂上之樂，獨致神格；堂下之□，□□舞獸也。"或曰：笙之形如鳥翼鏞之虡爲獸形，故於笙□□□，言鳥獸蹌蹌。《風俗通》曰："舜作簫笙以象鳳，蓋因其形□□□，以狀其聲樂之和，□□□□□□□□□？"□：未知聲樂感通之妙□。□□□□□，□□□□□六馬仰秣。聲之致祥□□□□上；夔之樂，召和於下。□□□□□。□□□□□□□。□□□□觀周樂，見舞韶箾者，曰："德至矣，盡矣。□□□□□，□□□□□無不載。雖其盛德，蔑以加矣。"夫韶樂之□，□□□□□□來格；明而感人，則群后德讓；微而感物，□□□。原□□□以能感召如此者，皆由舜之德，如天地□□不覆載也。□之傳，歷千餘載，孔子聞之於齊，尚且三月不知肉□，曰"不□□樂之至於斯，"則當時感召，從可知矣。又按此章夔言作□□效，其文自爲一段，不與上下文勢相屬。蓋舜之在位五十餘年，其與禹、皋陶、夔、益相與答問者多矣，史官取□□□明□以詔後世，則□□所言者自有先後，史官集而記之，□□□日之言也。諸□□說，自《皋陶謨》至此篇末，皆謂文勢□□，□其說牽合不□，□皆不取。

夔曰："於！予擊石□□，百獸率舞，庶尹□諧。"重擊曰擊，輕擊曰□。石，磬也。有大磬，有編磬，有歌磬。磬有小大，故擊有輕重。八□獨言石者，蓋石□□，□□。《□》曰："磬以立辨。"夫樂以□爲主，而石聲□□□□。石聲既和，則金絲□□土革木之聲，無□□□□。《詩》曰："□□且平，依我磬聲。"則知

言石者，總樂之和□□□也。或曰□□之也者，終條理之事，故舉磬以終焉。上□□□，此言百獸□《考工記》曰："天下大獸五脂者，膏者，臝者，□□，□者羽鱗總可謂之獸也。百獸舞，則物無不和可知矣。"□，□□。庶尹者，衆百官府之長也。允諧者，信皆和諧也。庶尹□，□人無不和可知矣。

以上刻字分爲兩部分刻於門口兩壁，上半部分位於門東壁（圖三），自左向右，竪排，共28行，每行23字（最末行27字，其中小字11），文末小字"'凤'字止其西門北'尊'字起讀"提示文字的順序。下半部分位於門西壁（圖四），自右向左，竪排，共28行，每行23字（第18行11字，末行16字）。

这段刻字当引自南宋蔡沈《书集传》[7]中的《尚书·益稷》篇。可辨认的刻字与《书集传》内容完全一致，而残缺刻字的字数

图三　地藏殿门口东壁刻字

图四　地藏殿门口西壁刻字

也可与之对应。《书集传》是蔡沈对儒家五经之一《尚书》所作的注释,代表了宋代《尚书》学研究的最高成就,明代科举考试将其定为《尚书》诠释的正统⑧。《尚书·益稷》篇记载帝舜和禹、皋陶君臣对话,之后于庙堂举行祭祀礼,并描述乐舞场面。这段刻字摘引《尚书·益稷》篇末对乐舞场面的描写。其中,"夔曰"至"凤凰来仪"是《益稷》经文,"戛击考击也"至"今皆不取"是蔡沈对经文的注释;"夔曰于予击石拊石百兽率舞庶尹允谐"是经文,"重击曰击轻击曰拊"至"庶尹谐则人无不和可知矣"是注文。

此外,门口东西两壁正文刻字的上方还刻有"鸣球""搏拊""琴瑟""鼗鼓""柷""敔""笙""镛"等古代乐器,每一种乐器图案旁边有对该乐器的文字说明。今天能够辨别的有门东壁的堂上之乐器"琴、瑟"和门西壁的堂下之乐器"鼗鼓""柷""敔""笙""镛"等(图五)。门东的刻字是:"……曲……长□适中焉□厚二寸琴(图案)堂上乐……堂上乐八丈一十□一尺八寸□五十弦后□□□其半。"门西的文字是:"鼗鼓,堂下乐。其文见下。……柷(图案),堂下乐。其文见下。敔,堂下乐。敔(图案)以木戛之,所以止乐也。笙(图案),堂下乐……箫(图案)堂下乐。大者二十四管,无底□谓洞箫。小者十六管,有底,状如凤翼,其声凤声。"

礼乐文化是儒家的重要内容。周公制

图五　地藏殿门西壁上方乐器

礼作乐,建立了我国历史上第一个较为明确完备的宫廷雅乐体系,奠定了中国历代统治者遵循沿袭的礼乐制度和文化精神。晏宏在道统庙正殿门口刻写礼乐文字,体现对儒家礼乐制度的重视,也与"道统"相契合。

（三）道统香火殿

道统香火殿原本放在地藏殿门前,应是祭祀时的石香炉,后被北京石刻艺术博物馆收藏,现露天置于博物馆院内。香火殿,高两米左右,歇山顶,两侧山墙与四根石柱筑为一体。山墙与石柱上有刻字。其中,东山墙上刻"河图"及其相关内容,西山墙上刻"洛书"及其相关内容;东北石柱侧面和西北石柱侧面的刻字相同,解释《易经》中"河出图,洛出书,圣人则之"这句话;四根石柱的正面分别刻两副对联。现将其文字整理如下:

1. 东山墙"河图"（图六）

左上方刻字是:

龍馬出於孟河,高八尺五寸長頸骼,上有翼,旁有垂尾。聖人在位,天不愛道,地不愛寶,龍馬馴。

文字右方和下方分别是由河图演绎的图案和龙马的画像。

2. 西山墙"洛书"（图七）

右上方刻字是:

堯沉璧於洛,玄龜負書出焉,背上赤文朱字。《書》注云天錫禹書,神龜負文而出,列於背,有數皆九。

文字左方和下方分别是由洛书演绎的图案和乌龟的画像。

3. 东北、西北石柱侧面刻字（图八）

孔安國云:《河圖》者伏羲氏王天下,龍馬出河遂則其文以畫八卦。《洛書》者禹治水時,神龜負文而列於背,有數至九,禹遂因而第之,以成九類。劉歆云:伏羲氏繼天而王,受《河圖》而畫之,八卦是也。禹治洪水,賜《洛書》,法而陳之,九疇是也。《河圖》《洛書》相為經緯,八卦、九章相為表裏。關子明云:"《河圖》之文,七前六後;八左九

图六 东山墙"河图"拓片（北京石刻艺术博物馆提供）

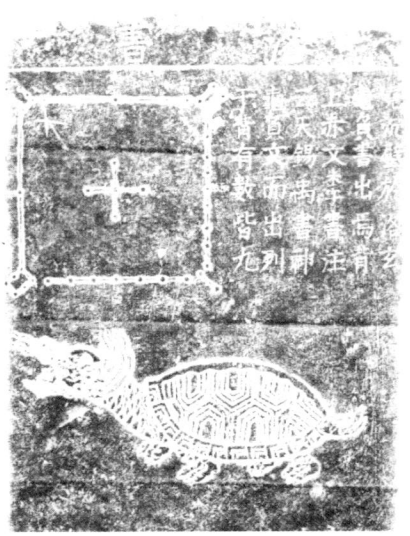

图七 西山墙"洛书"拓片（北京石刻艺术博物馆提供）

图八 石柱侧面刻字拓片（北京石刻艺术博物馆提供）

右。《洛书》之文，九前一後；三左七右；四前左，二前右，八後左，六後右。邵子曰：圆者星也。星纪之数，其肇於此乎：方者土也，畫州、井地之法，其放于此乎！蓋圆者《河圖》之数，方者《洛書》之文，故羲、文因之而造《易》，禹箕敘之而作《範》也。"

这段刻字与明代胡广《性理大全书·易学启蒙》①中的内容基本一致。其中有一处不同，刻字"星纪之数，其肇于此乎"，今传《性理大全书》版本为"历纪之数，其肇于此乎"。其他内容完全一致，且缺字字数亦可与之对应。版本上的不同，可能是晏宏参考当时流行的一个版本，今不传；也可能是刻工在刻写过程中产生错讹。但"星纪""历纪"两词在文意上并无太大差异。

《性理大全书》成书于永乐十三年（1415），胡广奉敕编修，明成祖亲自撰写序言，在当时社会尤其是对科举考试有很大影响。此书是宋代理学著作和理学家言论的汇编，共采宋儒之说120家。其中，《易学启蒙》由南宋朱熹、蔡元定合撰，全书共四篇，分别为：第一"本图书"，引孔安国、刘歆、关朗、邵雍等学说，以证十为河图、九为洛书；第二"原卦画"，通论伏羲四图和文王二图，综述先天之学和后天之学；第三"明蓍筮"，研究古代筮法；第四"考变占"，拟定七条占筮体例，解说卦变图，明一卦可以变六十四卦之理。

这段刻字摘引了《易学启蒙》"本图书"中对"《易大传》曰：河出图，洛出书，圣人则之"的解释，其内容是引用西汉孔安国、东汉刘歆、东汉末关朗、北宋邵雍的说法，交代河图洛书的来源及其对后世的影响。大意是：孔安国认为，伏羲根据龙马背负的图案画八卦；大禹根据神龟背甲上的文字得到九章。刘歆认为，伏羲根据上天赐予的河图画八卦，大禹得到上天赐予的洛书和治理天下的九类方法，河图、洛书和八卦、九章相辅相成。关朗介绍河图洛书上的图案排列方法，分别是：七前六后，八左九右；九前一后，三左七右，四前左二前右，八后左六后右。邵雍认为，河图上的圆代表星星，并衍生出星纪；洛书上的方形代表土地，从而产生井田之法，伏羲根据河图撰写《易》，大禹根据洛书写出《洪范》。香火殿山墙上"河图""洛书"图案的点数与刻字"七前六后，八左九右；九前一后，三左七右，四前左二前右，八后左六后右"的描述是对应的。

另外，道统庙在香炉上刻河图洛书有例可循。南宋一块画像砖上刻写"绍熙元年庚午十月四日朱熹偕蔡元定□□朝圣晖王□□山俸香炉刊陈抟传河图洛书"⑩。这表明南宋时期就有在香炉上刊刻陈抟所传河图洛书的先例。

4. 石柱对联（图九）

北面石柱的对联是：

振振君子用之行而舍则藏，
蹇蹇王臣進盡忠而退補過。

这副对联表达了儒家修身治国平天下的理念，用典不少。"振振君子"用《诗经·殷其雷》之典故"振振君子，归哉归哉"。"用之行而舍则藏"出自《论语·述而》篇"子谓颜渊曰：用之则行，舍之则藏。唯我与尔有是夫"。"蹇蹇王臣"出自《周易》"蹇"卦中的爻辞："王臣蹇蹇，匪躬之故。""进尽忠而退补过"出自《左传·宣公十二年》："林父之事君也，进思尽忠，退思补过，社稷之卫

也，若之何杀之？"

南面石柱的对联是：

日月兩輪天地眼
詩書萬卷聖賢心

这副对联言简意赅，强调读儒家圣贤书的重要性。

（四）地藏殿前散置石块残字

笔者2013年现场勘查地藏殿时，殿前有一散置石块（图一〇），上有残字35个，竖排，文字自右至左，著录如下：

□……□文王子武王□……□為冢宰攝政□……□於孺子遂作□……□既長公乃歸□……□請以身代策□……□得策執以泣□……□之書以訓焉

该石块的石质与地藏殿外壁石质相似，应属于外墙壁，但从内容上看不属于地藏殿的外壁，应该是原道统庙其他殿墙壁上散落的石块。《帝京景物略》载："东堂三楹，壁列忠臣龙逄以下，孝子曾闵以下，右图而左书其行事，以告观者。"⑪该石块有可能是从地藏殿东边的"东堂"外壁上掉落下来的。

这段刻字虽残缺严重，但可推测全文当是介绍周公的生平事迹。周公，姓姬名旦，是周文王姬昌第四子，周武王姬发的弟弟。他一生的功绩包括：一年救乱，二年克殷，三年践奄，四年建侯卫，五年营成周，六年制礼乐，七年致政成王。通过对照现存文献，可知刻字讲的是周武王死后，其子周成王消除对周公误解的事件。

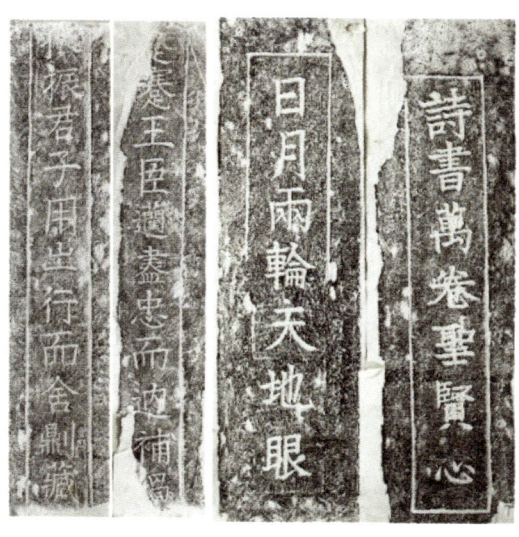

图九 道统香火殿石柱对联拓片
（北京石刻艺术博物馆提供）

图一〇 2013年地藏殿前散置石刻

《尚书·周书》中的《金縢》篇记载了这一事件：周武王克商后第二年得了重病，周公祷告先王请求自己代替武王去死，卜者将祷告的册书收藏在金属束着的匮中。武王死后，成王年幼，周公以冢宰身份摄政，管叔、蔡叔散播流言说周公将不利于成王。成王因此怀疑周公。后来因偶然天灾，成王打开金縢之匮，发现周公请求代武王死的册书，深受感动，二人隔阂终于消除。史官看到册书作用重大，于是记录这件事以表彰周公的忠诚。

（五）停云岩石洞内

停云岩明间内的正面墙壁上刻有儒家格言，《帝京景物略》载："堂后累石为洞，洞壁标先儒格言及咏道诗，几性理之半。"⑫但根据现场勘查，墙壁上的部分儒家格言后来被抹除，刻上了晏宏镇守陕西时的军功事迹及皇帝颁赐的奖状。现在能够认出的儒家格言刻字仅有两条：

一条位于中洞墙壁左上方，其文为：

□甲曰：天作孽，猶可違；自作孽，□可活。此之謂也。此章言心存則有□□夫得失之幾，不存則無以辨於存亡之□□，□□來皆其自取。

这段刻字当出自朱熹《孟子章句》。其中，"□甲曰"至"此之谓也"是《孟子》原文，下文是朱熹对原文的注释。太甲是商朝皇帝，早年胡作非为，后来在大臣伊尹的教导下，改过自新，"天作孽，犹可违；自作孽，不可活"是他后来对伊尹所说的感激之语。

另一条位于中洞墙壁右上方，其文为：

湯之盤銘曰□□□□□□□□盤沐浴之盤也銘名□□□□□□□□□□□□人之洗濯其心以□□□□□□□言誠能一日有以滌□□□□□□□□□新者而日日新之又日□□□□□□□□

以上刻字当出自朱熹《大学章句》第三章。其经文为："汤之盘铭曰：苟日新，日日新，又日新。""盘，沐浴之盘也。"后面的文字是其注文。原文讲商代开国君主汤把"苟日新，日日新，又日新"的箴言刻在每天沐浴的盘上，告诫自己要革新进取、弃旧图新。

三、余论

明人黄汝亨见到晏公祠时曾感叹："自吾入西山，所见金碧殿阁，皆浮屠氏之宫，大都皆中人自营其身后香火藏，而此室独及吾儒门一宗，何类无贤。"中人即太监，太监在西山所建身后之地皆为佛寺，只有此庙供奉儒家道统。这与明朝当时的社会环境和政治文化不无关系。14世纪中叶到17世纪初是明代理学大发展的时期。对于理学的内涵，胡适解释道："理学挂着儒家的招牌，其实是禅宗道家道教儒教的混合产品。其中有先天太极等等，是道教的分子；又谈心说性，是佛教留下的问题；也信灾异感应，是汉朝儒教的遗迹。但其中的主要观念却是古来道家的自然哲学里的天道观念，又叫作'天理'观念，故名为道学，又名为理学。"⑬

明朝理学的发展与科举考试制度、君主的拥护及提倡有关。《明史·选举志》载："科目者，沿唐宋之旧，而稍变其试士之法，专取《四子书》及《易》《书》《诗》《春秋》《礼记》五经命题……《四书》主朱子《集注》，《易》主程传朱子本义，《书》主蔡氏传及古注疏，《诗》主朱子集传，《春秋》主左氏、公羊、谷梁三传及胡安国、张洽传，《礼记》主古注疏。永乐间颁四书五经大全，全废注疏不用……"永乐间，胡广还奉敕编撰《性理大全书》。这是在国家层面上明显提倡理学。

晏宏得以修建道统庙，除理学兴盛的思想背景外，也与明朝的政治制度有关。明朝政治的显著特点是宦官参政，而其参政的前提条件必然是掌握文化知识。晏宏修习儒学、编刻书籍，都表明其文化水平非同一般。明代宦官学习文化知识有官方支持。永乐时，有专门的教官入内廷教书。正统年间，太监王振正式开设书堂，教内官义理之学。后来还专门开设针对宦官的学习机构内书堂，由翰林院负责其学业教育，师资配备甚至高于最高学府国子监。内书堂教授的课程除基础识字外，还包括四书五经[14]。明朝的官方刻书较前代也很发达，首开"内府刻书"先河，由司礼监经厂主持刊刻。宦官掌握宫廷图书的出版和流通，这为宦官接触理学知识提供了极大的便利。经厂中有专门刊刻经史子集四部书的汉经厂，司礼监宦官还可根据个人喜好刊刻不同的书籍[15]。

严嵩在《南京守备晏公墓志铭》中提到："公……幼入禁庭，侍孝宗皇帝于春宫……雅善书法……尤重文教，崇饬先圣及武成之庙，增补通鉴纲目、小学诸书，刻梓以传……"晏宏幼年即入宫，应该在内书堂受过专门的教育，也因此才有资格于东宫侍奉时仍为太子的明孝宗。此外，晏宏入宫时还受到太监扶安的教导，与之结成"义虽师生，恩犹父子"[16]的关系，今传《资治通鉴纲目集说》就是晏宏在扶安编写的基础上补编而成，并将其刻梓出版。因此，晏宏于北京西山营建道统庙，并在建筑上刻写儒家道统文字，是明朝中期社会思想和政治制度的直接反映。

附注：本文部分照片由毛怡（北京大学城市与环境学院）、马悦婷（首都博物馆）提供；"河图洛书"拓片由北京石刻艺术博物馆提供。2013年晏公祠实地拓片，张鹏飞（颐和园管理处研究室）、马悦婷、毛怡、田海、江许婷等人参加。在此一并感谢。

① （明）杨一清著，唐景绅、谢玉杰点校：《杨一清集》（下册），中华书局，2001年，第804页。
② （明）严嵩：《南京守备晏公墓志铭》，《钤山堂集》卷三十"志铭"，明嘉靖二十四年（1545）刻增修本。
③ （宋）胡宏著、吴仁华点校：《胡宏集》，中华书局，1987年，第223、233页。
④ 邓洪波：《湖南书院史稿》，湖南教育出版社，2013年，第88页。
⑤ 余英时：《朱熹的历史世界——宋代士大夫政治文化的研究》，三联书店，2004年，第7—33页。
⑥⑪⑫（明）刘侗、于奕正：《帝京景物略》卷六，北京古籍出版社，1983年。
⑦ （宋）蔡沈：《书经集传》卷一，清文渊阁四库全书本。
⑧ 容肇祖：《明代思想史》，开明书店，1941年，第2页。
⑨ （明）胡广：《性理大全书》卷十四，清文渊阁四库全书本。
⑩ 刘勇先：《汉江拾贝》，暨南大学出版社，2012年，第204页。
⑬ 胡适：《胡适文存》卷二，华文出版社，2013年，第41页。
⑭ 方志远：《明代国家权力结构及运行机制》，科学出版社，2008年，第86—89页。
⑮ 高志忠：《明代宦官文学与宫廷文艺》，商务印书馆，2012年，第348—361页。
⑯ （宋）朱熹著、（明）扶安辑、（明）晏宏校补：《资治通鉴纲目集说》"序"，明嘉靖晏宏刻本。

（作者单位：北京出版集团人文社科图书出版事业部、北京市颐和园管理处、北京大学城市与环境学院）

雍和宫藏明代最胜寺钟考

李冀洁

雄伟壮丽的雍和宫是清代皇家藏传佛教寺院。走进雍和宫,穿过昭泰门,在天王殿前东西两侧分别建有钟楼及鼓楼。钟鼓楼是中国明清佛教寺院中最具代表性的对称式楼阁建筑,但在这样规则的建筑布局里,紧邻钟楼西侧却另悬有一口大钟,俗称"吉祥钟"(图一)。事实上,这口古钟最初并不属雍和宫。那么,它的来源如何?在钟铭中又包含什么历史信息?本文就这些问题作如下分析。

一、雍和宫"吉祥钟"

雍和宫"吉祥钟"铸造精美,造型端庄稳重,通高231.3厘米,口径133.3厘米,青铜材质,蒲牢钟钮。钟体被四道横向凸弦纹及钟肩、钟裙部的外突造型分为六段,分别铸有《佛顶尊胜总持经咒》《尊胜咒楞严神咒》《三十五佛名经》《金刚般若波罗蜜经》《般若波罗蜜多心经》等多种经咒,字体为正楷。钟裙为八耳波状口,每耳饰有海水纹,平均分布四枚撞击钟月,南、北两侧钟月边饰以浮雕云纹[①]。

除遍布钟体的经文外,钟上部四侧铸字牌位及框内还有铭文:西侧牌位内铸有"敕赐最胜寺永远常住,大明正德十年重铸造";东侧牌位内铸有"御马监太监钱福、御用监太监钱能";北侧方形线框内铸"特进荣禄大夫锦衣卫掌卫事、后军都督府都督同知朱宁,同一品夫人李氏,长男菩萨保,次女闰儿。正德十年(空)月内因见最胜寺年久,殿宇方丈并钟鼓及寺后神路石桥碑亭享堂俱各损坏,谨发诚信出己资财重修盖造,新铸铜钟一口,上造尊胜咒、楞严神咒、三十五佛、金刚经、心经。愿皇图永固"等铭文;南侧铸字牌位内为"皇帝万岁万万岁"(图二)。

钟末铭文:"僧录司右阐教兼敕赐最胜寺第三代住持真诚,监造僧宗定等,锦衣卫左所正千户钱杰,衣左所正千户钱

图一 雍和宫钟楼及"吉祥钟"

年（1515）重铸，距今已有五百余年历史，其形制为典型的明中期铜钟，且原本是为最胜寺所铸。

二、钱氏兄弟与最胜寺

北京朝阳区酒仙桥东半截塔村（今东五环以西，亮马河以北位置）曾存有《敕赐最胜寺兴建碑》（商辂撰文），碑文记载："最胜寺在顺天府通州安德乡。先是，御马监太监钱福母□□人卒，卜葬于此。时天顺庚辰五月十二日也。越七年，成化丁亥，朝廷赐以近坟地，计六百亩，俾岁收其租之入，以供太夫人祀事。福感激君亲之恩，力思补报，遂偕弟御用太监能，捐资命工，鼎建是寺，请额于上，蒙赐今名。寺之制，外山门内天王殿，殿左右钟鼓楼，正中大慈宝殿，左伽蓝右祖

图二 "吉祥钟"上部四侧的牌内铭文

英，衣左所正千户钱雄，衣左所正千户李锐，衣左所正千户朱靖，衣左所正千户李浩，衣左所正千户李然，衣左所正千户钱明，监造铸钟陈林、钱兴……"（图三）

通过以上铭文可知，此钟为明正德十

图三 钟末铭文

师，后三大力士，殿东大慈悲殿，西地藏殿，北方丈主，僧居之东西僧房……太夫人所生三子：长喜，御马太监掌监事；仲即福也；季即能也。能今奉命镇守云南，从子义，亦任御用太监，皆太夫人抚教之力，兄弟联名，贵禄日盛，宠眷有加，太夫人之余庆未艾也。予重太监请，为述其事于石，俾来者有考焉。时成化壬辰夏五月。"[②]

由碑文可知，钱母有子、侄"喜、福、能、义"四人。1460年，钱母死后葬于顺天府通州安德乡，之后，明朝廷于1467年赐地六百亩以供祀事钱母，钱福、钱能遂于此地建最胜寺。故"吉祥钟"的牌位内会铸有"御马监太监钱福、御用监太监钱能"的铭文。1472年，兵部尚书、

图四 《敕赐最胜寺兴建碑》拓片

翰林院大学士商辂又为最胜寺撰写了兴建碑文（图四），依碑文描述可想见最胜寺当日规模之盛，"请额于上，蒙赐今名"更能凸显该寺的地位。

《万历野获编》补遗卷一《镇滇二内臣》中记载，钱喜、钱福、钱能、钱义四兄弟为女真人。另据出土钱义墓志记载，钱氏四兄弟于正统二年（1437），同时被选入内廷成为太监[3]，"俱有宠于成化间"[4]。四兄弟中，钱喜及钱福史籍并无传，根据史料推断，二人活跃于天顺至成化十五年（1479）左右，"成化间，喜、福卒。"[5]

钱能，"号三钱，出镇云南，其怙宠骄蹇，贪淫侈虐，尤为古所未有……能后守备南京，弘治末老死京师，正德初赐葬最胜寺，人疑无天道"[6]。钱能活跃于明成化至弘治年间，为职掌造办御用之物的御用监太监，同时也是明朝著名的镇守太监，曾镇守云南十二年，因在当地专横恣虐，以致有大臣上疏明宪宗称："中官钱能贪恣甚，议遣大臣有威望者为巡抚镇压之。"各类史籍中对钱能的记载亦多集中于其镇守云南时的各种劣行，不过近年来随着对出土墓志、碑刻的不断挖掘，学界对钱能及其家族的研究也在传统史料的基础上渐趋客观[7]。

钱义，为钱家之侄，亦由钱母所养育。根据其墓志记载，钱义生于宣德九年（1434），正统二年（1437）入宫做太监，仕正统、景泰、天顺、成化四朝，官至御用监太监，卒于成化二十年（1484），享年五十一岁。钱义曾以善于道术和精通品鉴古物受宠。成化中曾奉敕修建真觉寺。寺成后钱义还交代后人，待其死后，安葬于真觉寺旁。

宦官崇佛一直是研究明朝历史不可绕过的现象和课题[8]。明代宦官多崇信佛教，所谓"中官最信因果，好佛者重，其坟必僧寺也"。如位于海淀区八里庄地区的摩诃庵（现为全国重点文物保护单位），即为明嘉靖年间宦官赵政为自己所建墓地。"阉人既卜葬于此，乃更创大寺于其旁，使浮屠者居之，以为其守冢之人"[9]，宦官无后，在墓地建庵庙，让寺僧守护自己的坟茔，从而达到"为身后香火之供"的精神寄托。所以，钱氏兄弟修最胜寺从一方面来说是为供祀其母，另一方面也是为自己身后事做打算，故钱喜、钱福、钱能死后均被赐葬于最胜寺。据《大明武宗毅皇帝实录》载：正德二年（1507）五月，"癸亥，命户部查给最胜寺前马房草场地十顷与寺做香火，且赡护太监钱喜、钱福、钱能坟茔。"[10]正德二年八月初三树立的《最胜寺谕旨碑》（又称《钱能墓地敕谕碑》（图五）记载："……故御马监太监钱能逮事累朝，宜力中外，多著劳绩，其葬地在通州安德乡。旁有寺曰最胜，已命僧录司左觉义定宝、右觉义真诚住持，赐之护敕，俾管业茔地以奉香火。"⑪

最胜寺现已无存。《敕赐最胜寺兴建碑》和《最胜寺谕旨碑》原存于朝阳区酒仙桥半截塔村（原土产公司仓库墙外）。通过二碑原存的具体位置及碑文中的"通州安德乡"记载可推断，最胜寺位置应该就在今朝阳区半截塔村55号附近。另经笔者考证，"半截塔村"即因原最胜寺遗留的大神通舍利宝塔的半截残塔而得名⑫。

三、重铸最胜寺钟

朱宁是何许人？为何身为都督同知的二品官员朱宁会为已逝太监出资重新铸钟并重修庙堂？

《明史》载："钱宁，不知所出，或云镇安人。幼鬻太监钱能家为奴，能嬖之，冒钱姓。能死。推恩家人，得为锦衣百户。正德初，曲事刘瑾，得幸于帝。性狷狡，善射，拓左右弓。帝喜，赐国姓，为义子，传升锦衣千户。瑾败，以计免，历指挥使，掌南镇抚司。累迁左都督，掌锦衣卫事，典诏狱，言无不听，其名刺自称皇庶子。引乐工臧贤、回回人于永及诸番僧，以秘戏进。请于禁内建豹房、新寺，恣声伎为乐，复诱帝微行。"⑬朱宁为钱能镇守云南时期所收养子，原名钱宁。在钱能死后，钱宁转投当时的大太监刘瑾门下，因刘瑾而得以引见于武宗皇帝，并受到武宗赏识喜爱。此后，钱宁一路飞黄腾达，家累巨万。

根据史料记载，钱宁贪婪无度，收受贿赂，打压陷害忠良，结党营私，浊乱朝纲，可谓罪大恶极。

据《七修类稿》："正德间，前有中官刘瑾，后有指挥朱宁，皆善主权。及籍家资，刘瑾计有金二十四万锭，又五万七千八百两。宝石二斗。金甲二，金钩三千。玉带四千一百六十二束……以上金共一千二百五万七千八百两，银共二万五千九百五十八万三千六百两。朱宁计有金七十扛，共十万五千两，银二千四百九十扛，共四百九十八万两，碎金四箱，碎银十柜，金银汤盏四百。金首饰五百一十一箱。珍珠二柜，金银台盏四百二十副……"⑭钱宁在贪佞方面与刘瑾同时榜上有名。

《明史》记载，因御史张士隆弹劾锦衣千户廖铠，而钱宁素来与廖铠关系亲昵，故陷害张士隆，致张士隆贬谪为晋州判官⑮。御史周广也曾弹劾钱宁："义子钱宁本宦竖苍头，滥宠已极，乃复攘敚货贿，轻蔑王章。甚至投刺于人，自称皇庶子。僭逾之罪所不忍言。陛下何不慎选

图五 《最胜寺谕旨碑》及拓片

宗室之贤者，置诸左右，以待皇嗣之生。诸义儿、养子俱夺其名爵，乃所以远佞人也。"⑯钱宁见到此弹劾奏疏大怒，"传旨谪广东怀远驿丞"，而主事曹琥想要救周广，亦被贬谪。甚至贬谪周广仍不能消除钱宁的怒气，还"使人遮道刺广"，周广得知消息，改名变服，"潜行四百余里乃免"。

明代文学家田艺蘅所著《留青日札》也记载了钱宁生平："正德八年，以左都督掌锦衣卫事，干与国政，钳制百司，罪恶贯盈。十四年七月，以宸濠事败，下诏狱伏诛，籍没家产：金七十杠，共十万五千两……余物不可胜计。"⑰因与朱宸濠勾结谋反之事败露，正德十六年（1521）五月"壬申，钱宁伏诛"⑱。田艺蘅父亲为明嘉靖五年（1526）进士，谙晓先朝遗事，对于明正德年间几个知名宦官情况的了解应该是较为准确的。

最胜寺钟末尾铭文中提到的钱杰、钱英、钱雄等人，也在史书上可考，"是杰与在官钱靖、钱永安、钱雄、钱英、钱明……俱是正德三年内投为家人"（钱）杰与钱靖等八名俱升授锦衣卫指挥、千百户等官。俱托为（钱宁）心腹，管理家事。各不合帮助为恶，倚势害人。钱宁又将钱靖等七名俱擅改从朱姓，渎乱皇族"。"本年（正德十六年）五月内，蒙三法司、锦衣卫会审明白，将钱宁问拟谋反，凌迟处死。题奉钦依处决讫。复蒙查审得（钱）杰与钱靖等九名，委俱先年投与钱宁为家人，冒功授职，助恶年久……议得钱杰等所犯，钱杰等二十八名，俱各依谋反者及同居之人，不分异姓，年十六以上，律皆斩，决不待时"⑲。

由此，"吉祥钟"铭文上提到的几人关系即已厘清。朱宁即钱宁，系钱能养子。作为养子，在其发达之后，为养父出资修庙铸钟，这是合乎常理的。而且从钱宁的生平可以看出，钱宁极尽贪婪，积累了大量财富，故而有余力重修寺庙。钱宁不仅在经济上贪腐，政治上也充满野心，不仅为养子钱杰等人升授锦衣卫官衔，甚至还冒以国姓。

四、从"最胜寺钟"到"吉祥钟"

据雍和宫讲解员刘淑东老师介绍，在雍和宫正式对外开放前，"吉祥钟"已经在雍和宫内，且雍和宫内的僧人师父曾提到，此钟来自（后）黑寺。

据《日下旧闻考》记载："后黑寺……寺门前殿有大钟一口，为明时最胜寺旧物，上铸尊胜楞严神咒，三十五佛，全部金刚经、心经，正德十年都督同知朱宁造。"⑳另据《北京名胜汇谈》记载："后黑寺……寺门前殿有大钟一口，乃明时最胜寺旧物，钟上铸全部金刚经及心经，为正德年间朱宁所造，何时移在此寺就无可考了。"㉑由此可进一步确认，当时后黑寺寺内所存最胜寺钟即为雍和宫这口"吉祥钟"。

黑寺创建于清顺治二年（1645），原为前后两寺，中间一街之隔。前黑寺又称慈度寺，后黑寺又称察罕喇嘛庙。据清人黄彭年撰修《畿辅梵刹志》记载："慈度寺在土城关东北，寺建于本朝初年，在功德林之西北隅，俗名黑寺，以其与双黄寺同为喇嘛所居，此覆以青瓦，故有是称，寺北为察罕喇嘛庙，与寺先后同建，俗呼后黑寺。顺治二年察罕喇嘛自盛京来，于正黄旗牧场北地址，募化创建，未有寺名即以其名称之。"

前、后黑寺现已俱毁，后黑寺遗址位于北京市海淀区马甸后黑寺甲1号，今海淀区民族小学（原回民学院第一附小）内。关于后黑寺的建制，海淀区民族小学院内残碑上有记录："后黑寺为蒙古察罕呼图克图活佛于顺治二年募化创建，寺坐北朝南，原有殿三重，依次为天王殿、大雄宝殿、后殿，殿另有活佛院和后院。正中供奉三世佛，左供观音大士，右供关羽像，故老百姓又称关公殿。一八六零年英

图六　海淀区民族小学院内的后黑寺遗址

法联军洗劫圆明园前夜，曾在此驻扎，后毁于大火。"后黑寺在1928年的火灾后遂败落，仅存大殿石基址。从民族小学院内保留的基址可知后黑寺当时规模之宏大（图六）。

根据北京市档案局（馆）所存档案资料显示，1953年7月北京市文物整理委员会曾要求市文物组对后黑寺最胜寺钟的保存价值进行调查[22]，在文物组提交的调查报告中提到，后黑寺大殿已倒，仅存地基，该钟被露天放置于寺内西北院回民学院第一附小的传达室后，对此钟的处理意见为："移置北海天王殿保存，以免损坏。"[23]后文物组又将此意见答复文物整理委员会[24]。但除了上述决议性的文件，

笔者并未查询到该钟由后黑寺迁往北海天王殿的任何操作记录，因此最胜寺钟是否曾有过迁去北海的经历尚不可肯定。另据《海淀文史选编（第14辑）》中《我小时候的马甸》一文中介绍，此钟是在1958年"大跃进"炼钢铁时期从（后）黑寺不知去向的，这一说法似乎又与上文雍和宫僧人提到的"吉祥钟"直接来自（后）黑寺的说法相吻合。所以在没有确凿档案资料的情况下，关于最胜寺钟何时来到雍和宫只能悬而未决了。

至此，雍和宫"吉祥钟"的历史流传脉络渐显："吉祥钟"原为"最胜寺钟"，是明宪宗时期太监钱福、钱能兄弟所建最胜寺之物。钱氏兄弟死后，最胜寺年久破败，钱能义子——武宗皇帝的宠臣朱宁（钱宁）出资重铸此钟。清顺治时期，察罕呼图克图募化建成黑寺后，此钟作为最胜寺旧物出现在后黑寺，即察罕喇嘛庙中。中华人民共和国成立后，此钟从业已残破的后黑寺来到雍和宫安家落户，得到了妥善保护。为使大钟重新焕发光彩，雍和宫管理处还对大钟进行了防锈除尘等专业维护。本着敲钟祈福、崇尚和谐的美好愿望，这口古钟在雍和宫逐渐被称作了"吉祥钟"。

钟鸣锵锵，从这口大钟包含的历史信息溯源而去，明代中期宦官势力的强大、官场的暗潮涌动及当时政治上的动荡贪腐得以被展现，同时折射出明代佛教活动的兴盛。其辗转流传的经历更成为最胜寺、后黑寺历史变迁的见证，是研究北京地区历史、文化的重要实物资料。如今，

已成为雍和宫佛教文化重要组成的"吉祥钟"，将继续见证雍和宫未来日新月异的发展。

---

① 大钟寺古钟博物馆：《北京古钟》（上卷），北京燕山出版社，2006年，第64页。

② 《北京图书馆藏中国历代石刻拓本汇编》第五十二册，中州古籍出版社，1991年，第90页。

③ "正统丁巳，（钱义）与其兄太监喜、福、能同被选入内垣，时公年才四岁。"《大明御用太监钱公墓志铭》，北京石刻艺术博物馆藏。

④⑥（明）沈德符：《万历野获编》，文化艺术出版社，1998年，第879页。

⑤⑩（明）费宏等：《大明武宗毅皇帝实录》卷二十六，国家图书馆出版社，2013年，第176页。

⑦ 相关学术成果有齐畅：《宫内、朝廷与边疆：社会史视野下的明代宦官研究》，中国社会科学出版社，2014年。

⑧ 相关学术成果有何孝荣：《明代北京佛教寺院修建研究》，南开大学出版社，2007年；何孝荣：《明代宦官与佛教》，《南开学报》2000年第1期；马明达、杜常顺：《明代宦官与佛教寺院》，《暨南学报》2004年第5期，等等。

⑨ 龚景瀚：《游大慧寺记》，转引自《光绪顺天府志》之《京师志十七·寺观二》，北京古籍出版社，1987年，第548页。

⑪ 《钱能墓地敕谕碑》，北京石刻艺术博物馆藏。

⑫ 国家地震局地球物理研究所编著的《中国地震考察 公元前466—公元1900年》（地震出版社，1992年版）一书中，收录了由时振梁、汪素云所著的研究报告——《北京地区历史地震研究》，该文附录有"最胜寺大神通舍利宝塔（东郊半截塔村）"的相关现状描述，此资料内容系1956年北京地区的古建筑物的考察资料，当时该塔、寺址及寺碑还存在，因此可确定最胜寺的具体位置。

⑬ 《明史》卷三百七《佞倖传》，中华书局，2011年，第7890－7891页。

⑭（明）郎瑛：《七修类稿》，上海书店出版社，2009年，第134页。

⑮ 《明史》卷一百八十八《张士隆传》，中华书局，2011年，第4992－4993页。

⑯ 《明史》卷一百八十八《周广传》，中华书局，2011年，第5001页。

⑰（明）田艺蘅：《留青日札》，上海古籍出版社，1992年，第663页。

⑱ 《明史》卷十七《世宗本纪》，中华书局，2011年，第216页。

⑲（明）谢蕡：《后鉴录》，载《明史资料丛刊》（第一辑），江苏人民出版社，1981年，第69－72页。

⑳（清）于敏中等：《日下旧闻考》，北京古籍出版社，2000年，第1774页。

㉑ 佚名：《北京名胜汇谈》，石印本，1912－1949年，第36页。

㉒㉓《市文物整理委员会要求调查后黑寺大铜钟保存价值的函及市文物组的调查报告》，北京市档案局（馆）1953年7月至10月。

㉔《市文物组、市文物整理委员会关于鉴定九圣庵佛像及西郊庙宇铜佛等文物的报告、函》，北京市档案局（馆）1953年4月至10月。

（作者单位：雍和宫管理处）

房山区琉璃河镇立教村西晋、唐、元墓葬发掘简报

北京市文物研究所

2017年9月21日至30日,为配合房山区琉璃河镇立教村商业用房建设,北京市文物研究所与房山区文化委员会对该项目用地范围内先期勘探发现的4座古代墓葬进行了抢救性发掘工作,简报如下。

一、墓地概况

发掘区位于房山区琉璃河镇立教村东北,中心地理坐标为北纬39°37′26.15″、东经116°04′3.82″,东邻京港澳高速,西接京深路,西南紧邻董家林村琉璃河商周遗址(图一)。

发掘区现存地势较为平坦,受土地平整及当地曾经烧砖取土等影响,区域内原地表已被揭除,依发掘区北边取土地层可知,该区域原地表应比现在保留平整后地表高约1.5~1.8米左右。其堆积情况如下:

第①层:耕土层。厚约0.4米,土色褐色,土质稍杂,含植物根系及少量现代垃圾。

第②层:黄褐色土层。厚约0.6米,土色黄褐色,结构稍松散,内含少量植物根系。

第③层:浅灰褐色土层。厚约0.5米,土色浅灰褐色,结构较松散,内含少量灰点。

第④层:浅黄褐色土层。厚0.4~0.6米,土色浅黄褐色,结构较松散,内含少量植物腐质。

第⑤层:黄土层。厚度不详,土色黄色,土质较硬,含砂浆石,为生土层。

本次发掘共清理不同时期墓葬4座(编号M1~M4),4座墓葬均为砖砌单室墓,墓道朝南向,墓室皆遭严重程度的盗扰和破坏。其中M3为西晋墓葬,M4为唐代墓葬,M1、M2为元代墓葬(图二)。

二、墓葬形制与出土器物

(一)西晋墓葬

1. 墓葬形制

M3为长方形砖室墓,位于发掘区北部,开口于④层下,打破生土,墓口距

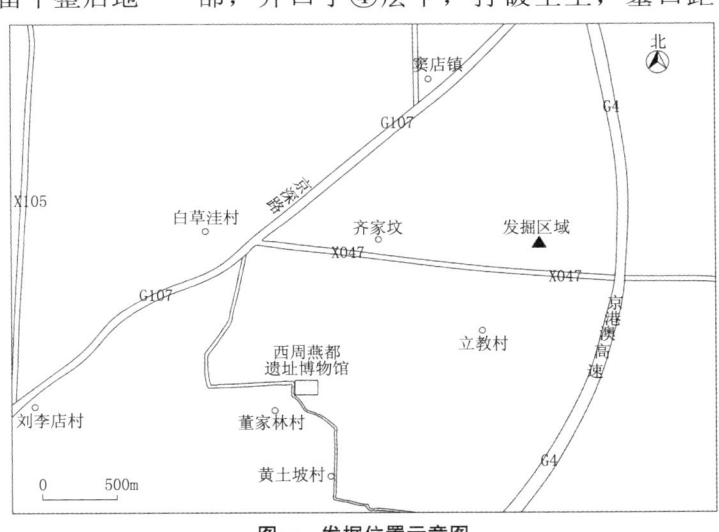

图一 发掘位置示意图

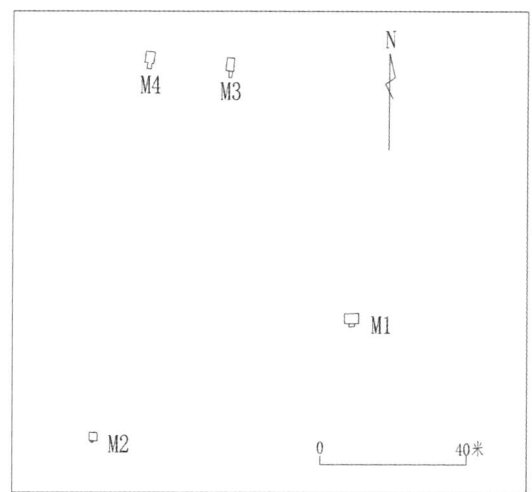

图二 墓葬位置图

地表1.5米，南北向，方向186°，平面呈"刀"字形，为竖穴土圹砖室墓，由墓道、墓门、甬道及墓室组成（图三）。构筑方法是先凿挖一平面呈"刀"字形带墓道的竖穴土圹，然后在墓圹内贴土圹壁用长条砖砌墙建造长方形墓室，并用长条砖封堵墓门。

墓道：位于墓室南侧偏东处，南部被一条现代沟打破至底，平面呈长方形，墓道口长1.4米、宽0.8米、底距墓口深0.9米。墓道壁面较直，内填黄褐色花土，土质疏松。

墓门：位于墓道与甬道间，宽0.8米、残高0.12米，封门墙用长条砖呈"人"字形斜置竖砌，残存底部1层砖，共内外两层。

甬道：位于墓道与墓室之间，平面呈长方形，进深1米、宽0.8米、残高0.9米，两壁皆为长条砖以两平一竖砌筑。

墓室：位于墓道北部，平面呈长方形，土圹长3.5米、宽2.3米、残深0.96米，墓室长3.3米、宽2.1米、残高0.78米，因盗扰破坏严重，顶部已损毁，四壁墙体保存尚可，残高0.78米，墓室四壁用长条砖以两平一竖砌法逐层砌筑，铺地砖不太规整，用一层平砖错缝平铺，墓室墙体低于铺地砖一层。

用砖规格：长0.27米、宽0.16米、厚0.06米。墓室中部偏东侧散落有人头骨和两段肢骨，葬具、葬式皆不详。

2. 出土器物

陶器 共6件。

陶罐 1件，M3：1，残，直口微敛，平沿，尖唇，矮领，广肩，鼓腹，下腹内收，平底。夹云母红陶，轮制。下腹有两周棱弦纹。口径11.6厘米、底径22厘米、高22.8厘米（图四，1；照片一）。

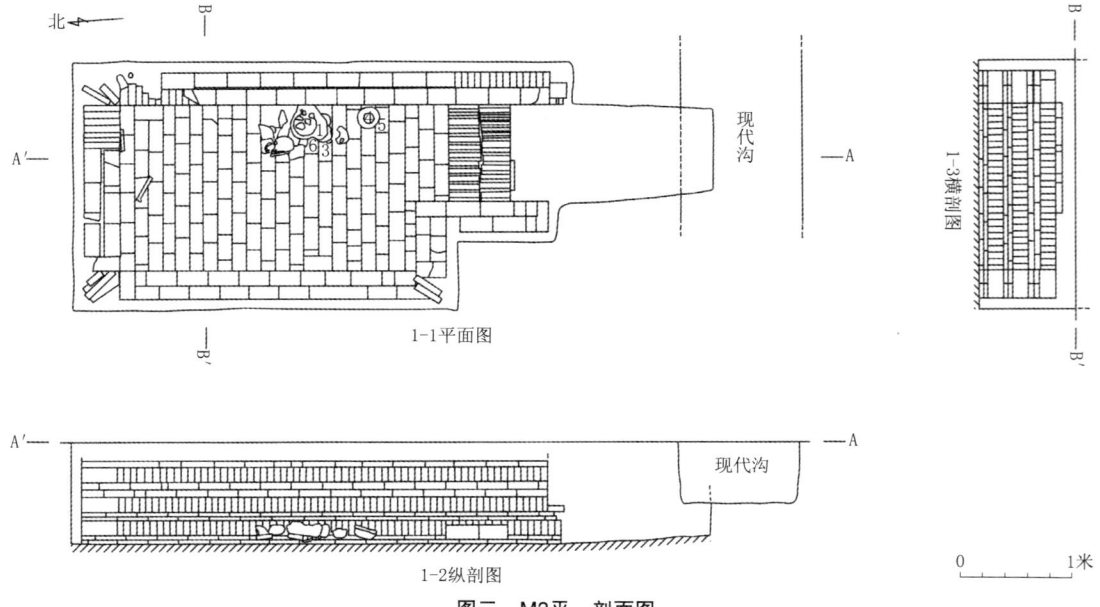

图三 M3平、剖面图

部，开口于③层下，向下打破④层及生土，墓口距地表1.3米，南北向，方向182°，平面呈"甲"字形，为竖穴土圹砖室墓，由墓道、墓门及墓室组成（图五）。构筑方法是先凿挖一平面呈

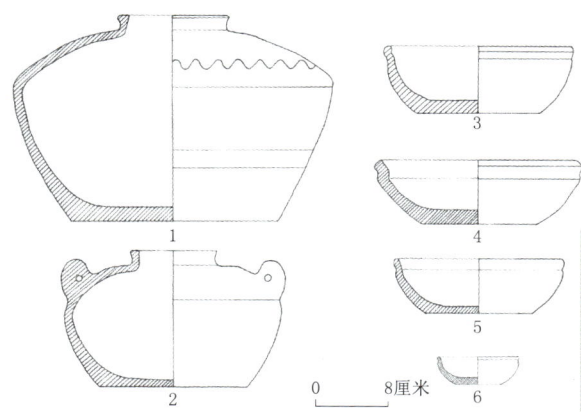

图四　M3出土器物
1.陶罐（M3∶1）　2.双系罐（M3∶3）　3—5.陶钵（M3∶4、M3∶5、M3∶6）　6.陶杯（M3∶7）

双系罐　1件，M3∶3，残，直口微侈，方唇，矮领，广肩，鼓腹，下腹内收，平底。肩上有两对称桥形耳，用于穿系，夹云母红陶，轮制。口径8.8厘米、底径15.6厘米、高15.厘米（图四，2；照片二）。

陶钵　3件，已残，形制相近，尺寸略有不同。M3∶4，敞口，圆唇，弧壁，平底。口沿下一周轮旋痕，内底有一圈轮制时留下的圆圈纹。夹云母红陶，轮制。口径19厘米、底径12.6厘米、高7.4厘米（图四，3.照片三）。M3∶5，敞口，方唇，弧壁，平底。口沿下一周轮旋痕，内底有一圈圆圈纹。夹云母红陶，轮制。口径20.6厘米、底径12厘米、高7厘米（图四，4）。M3∶6，敞口，尖圆唇，弧壁，平底。外壁口沿下有一周轮旋痕，内底一圈圆圈纹。夹云母红陶，轮制。口径17.6厘米、底径11.2厘米、高6厘米（图四，5）。

陶杯　1件，残，M3∶7，杯口椭圆形，敞口，圆唇，弧腹，平底。夹云母红陶，轮制。口部最大径8.6厘米、最小径8厘米、底径4.6厘米、高3厘米（图四，6）。

棺钉　2枚，标本M3∶2，铁质，已锈蚀。方形钉帽，尖残。钉上有棺木残留。残长6.5～7.2厘米。

（二）唐代墓葬

1.墓葬形制

M4为弧方形砖室墓，位于发掘区西北

照片一　红陶罐（M3∶1）

照片二　红陶双系罐（M3∶3）

照片三　红陶钵（M3∶4）

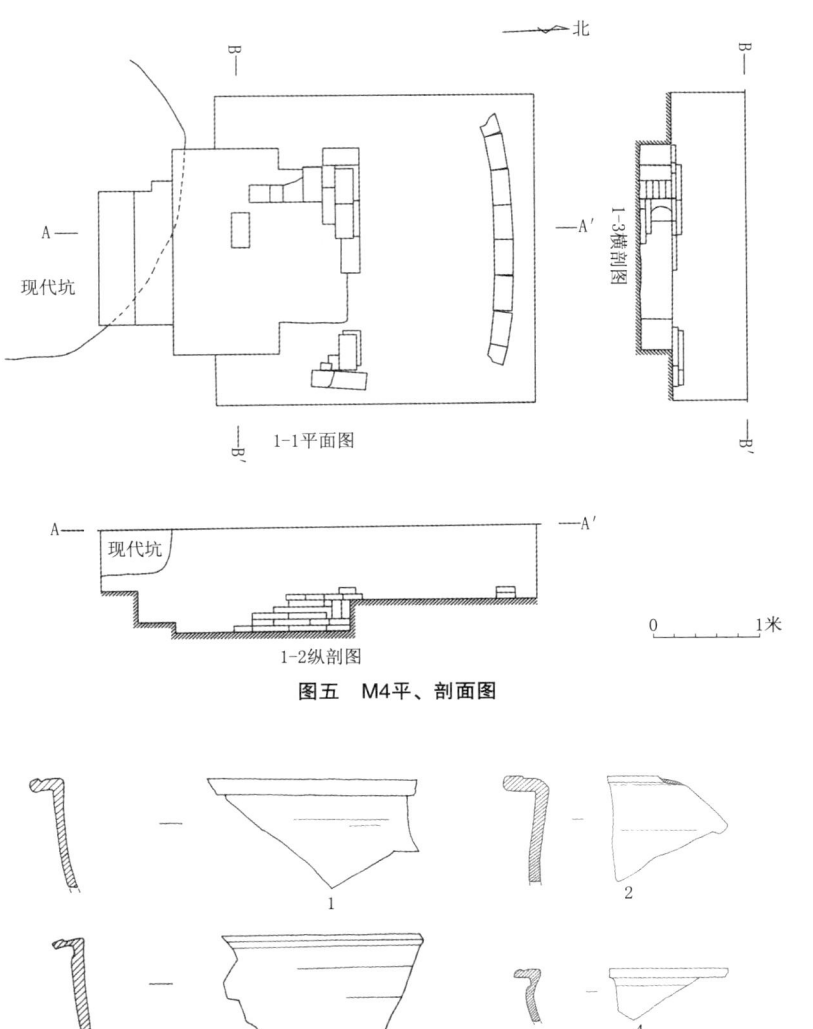

图五 M4平、剖面图

图六 M4出土器物
1~4.陶盆（M4:3、M4:7、M4:5、M4:8） 5、6.陶罐（M4:6、M4:4） 7."亚"字形砖 8.瓷碗（M4:1） 9.瓷罐（M4:2）

"甲"字形带墓道的竖穴土圹，然后在墓圹内贴壁面用单面沟纹长条砖砌墙，建造出弧方形墓室，最后用长条砖封堵墓门。

墓道：位于墓室南侧，被一现代沟东西向打破，平面呈长方形，墓道为台阶式，口长1.3米、宽1.7米、底距墓口深0.9米，第一级台阶宽0.36米、高0.1米，第二级台阶宽0.34米、高0.3米。墓道东西两壁壁面较直，内填黄褐色花土，土质疏松。

墓门：已被破坏无存。

墓室：位于墓道北部，平面呈方形，土圹长3米、宽3米、残深0.75~1米。因盗扰破坏严重，顶部已损毁无存，四壁墙体保存极差，壁砖已不存，仅剩土圹。墓底仅剩北壁两层平砖，棺床仅剩西侧半部，为单面沟纹条砖错缝垒砌，棺床尚能看出大致轮廓，残长2.4米、残宽1.2米、残高0.3米。墓室填土中有少量白灰壁画碎片，不甚清晰，推测原墓室中有壁画。

墓室砌砖有两种，单面沟纹砖，长0.34米、宽0.17米、

房山区琉璃河镇立教村西晋、唐、元墓葬发掘简报

照片四　黑釉瓷碗（M4∶1）

照片五　陶盆（M4∶3）

厚0.05米。"亚"字形砖，长0.19米、宽0.17米、厚0.05米（图六，7）。

墓葬因盗扰严重，填土中见碎骨渣和牙齿等，葬具、葬式皆不详。

2. 出土器物

墓葬因盗扰，出土器物皆为填土中出土。

瓷碗　1件，残，M4∶1，敞口，尖圆唇，浅腹，平底。米黄色，胎质较粗，内壁及外壁上部施酱釉，口沿外壁下部及底无釉，色微透绿色。口径11.1厘米、底径4.6厘米、高3.6厘米。（图六，8；照片四）

瓷罐　1件，残，M4∶2，残存口沿，直口，圆唇。米黄色胎，胎质细腻，施白釉。残高2厘米（图六，9）。

陶盆　4件，皆为口沿。M4∶3，平沿，方唇，斜腹，素面，泥质灰陶，轮制。残高9.6厘米（图六，1；照片五）。M4∶7，平沿，方唇，斜腹，素面，泥质红陶，轮制。残高9.6厘米（图六，2）。M4∶5，折沿，尖唇，斜腹，素面。泥质红陶，轮制。残高11厘米（图六，3）。M4∶8，平沿，圆唇，弧腹，素面。泥质红陶，轮制。残高4.5厘米（图六，4）。

陶罐　2件，皆为残片。M4∶6，残存口沿，敛口，仰折沿，尖唇，广肩。肩部有轮旋痕。泥质灰陶，轮制。残高7厘米（图六，5）。M4∶4，残存下腹及底，弧腹，平底。夹云母红陶，轮制。底径12厘米、残高7.2厘米（图六，6）。

（三）元代墓葬

1. 墓葬形制

M1为圆形砖室墓，位于发掘区东部，开口于③层下，向下打破④层及生土，墓口距地表1.2米，南北向，方向200°，平面呈"甲"字形，为竖穴土圹砖室墓，由墓道、墓门、甬道及墓室组成（图七）。构筑方法亦是先凿挖一平面呈

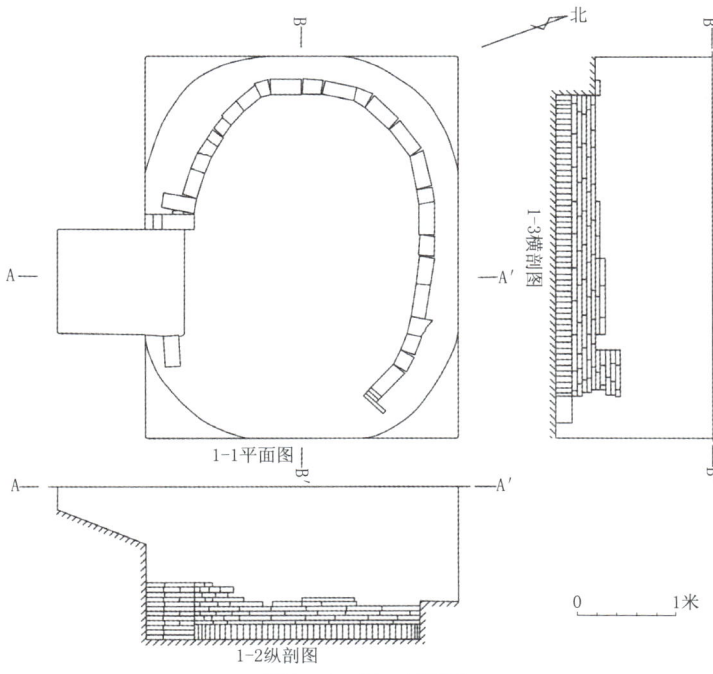

图七　M1平、剖面图

· 73 ·

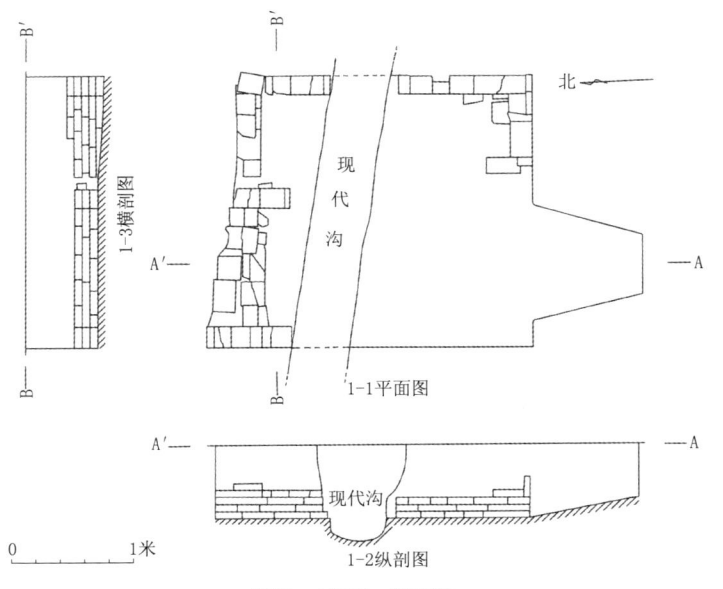

图八 M2平、剖面图

"甲"字形带墓道的竖穴土圹，然后在墓圹内贴壁面用长条砖砌墙，建造圆形墓室，最后用长条砖封堵墓门。

墓道：位于墓室南侧，平面呈长方形，底为斜坡状，墓道口长0.9、宽1.1米、底距墓口深0.5米、底长0.96米，坡度23°。墓道壁面较直，内填黄褐色花土，土质疏松。

墓门：已被破坏无存。

甬道：位于墓道与墓室之间，平面呈长方形，已被破坏，进深0.4米、宽1.1米，仅存西侧砖墙，残高0.6米，为长条砖错缝平砌。

墓室：位于墓道北部，平面呈长方形，土圹长4米、宽3.2米、残深1.2～1.6米，墓室长3.2米、宽2.2米、残高0.4米。因破坏严重，顶部已损毁，四壁墙体保存差，仅存北部、西部及南部砖墙，残高0.4米，最底一层为竖砌砖，上为长条砖错缝平砌，墓室内东侧有现代破坏痕迹，墓室内棺床等均已无存。

用砖规格：长0.32米、宽0.16米、厚0.05米。

因盗扰严重，未见葬具、人骨，葬具、葬式皆不详。

M2为近方形砖室墓，位于发掘区西部，开口于③层下，向下打破④层及生土，墓口距地表1.2米，南北向，方向182°，平面呈"甲"字形，为竖穴土圹砖室墓，由墓道、墓门及墓室组成（图八）。构筑方法同M1。

墓道：遭破坏严重，位于墓室南侧，平面呈长方形，底为斜坡状，墓道口长0.9、宽1米，底距墓口深0.2、底长0.9米，坡度10°。墓道内填黄褐色花土，土质疏松。

墓门：已被破坏无存。

墓室：位于墓道北部，平面呈近方形，土圹长2.7米、宽2.3米、残深0.35米，墓室长2.1米、宽径1.9米、残高0.3米。因盗扰破坏严重，顶部已无存，四壁墙体保存较差，仅存北部及东部北侧砖墙，残高0.3米，最底一层为平砖，再为长条砖错缝平砌，墓室内棺床等均已无存。

用砖为长条砖，规格分两种，素面砖长0.3米、宽0.16米、厚0.06米；单面粗绳纹砖长0.34米、宽0.2米、厚0.06米。

因盗扰严重，未见葬具、人骨，葬具、葬式皆不详。

2. 出土器物

墓葬因盗扰，出土器物皆为填土中出土。

四系瓶 1件，M2:2，残存口沿、下腹及底。小唇口外撇，束颈，溜肩。下腹内收，圈足。颈肩之间附叶形四系，叶上有筋脉。缸胎，口、颈施白釉，下腹施褐釉。施白色化妆土，肩部有墨彩绘。口径4.8厘米、残高6厘米（图九，3；照片六）。

白地黑花碗 2件，均已残。M2:3，敞口，圆唇，弧腹，矮圈足，内底微凸。

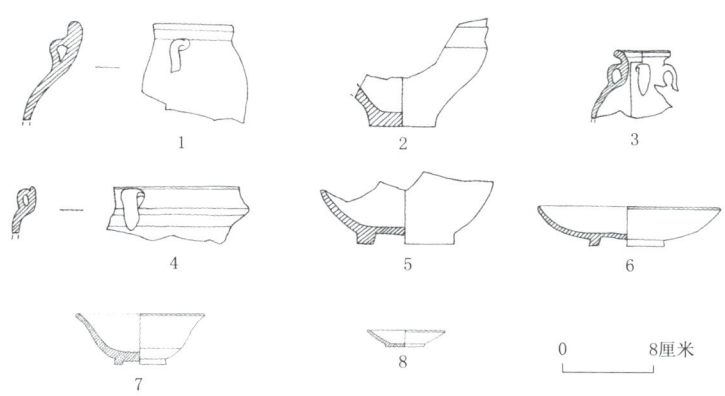

图九 M1、M2出土器物
1.双耳罐（M1∶1） 2.瓷罐（M1∶2） 3.四系瓶（M2∶2） 4.双耳罐（M2∶5）
5.瓷罐（M2∶6） 6、7.白地黑花碗（M2∶3、M2∶4） 8.小瓷碟（M2∶7）

胎质较粗，米黄色，白釉泛黄，外壁下腹及圈足无釉，有滴釉现象，施化妆土，内壁饰浅灰色彩釉两周，内底有褐色叶纹，外底有褐彩草书"郭"字。口径15.6厘米、底径6.4厘米、高3.4厘米（图九，6；照片七）。M2∶4，敞口，圆唇，弧腹，矮圈足。胎质较粗，米黄色，白釉泛黄，外壁下腹及圈足无釉，有滴釉现象，施化妆土，内壁饰黑褐色彩绘两周，内底有褐彩草书"元"字。口径10.8厘米、底径4.4厘米、高4.4厘米（图九，7；照片八）。

双耳罐 2件，M1∶1，残存口沿及上腹，侈口，方唇，矮颈，溜肩，肩部附耳，可穿系，火候较低，橘红胎，外壁施褐色釉，内壁无釉，残高8.6厘米（图九，1）。M2∶5，残存口沿，直口，圆唇，矮颈，肩附桥形耳，垂叶形耳上有竖凸线纹。胎质较粗，米黄色，酱褐色釉，残高4.8厘米（图九，4；照片九）。

瓷罐 2件，M1∶2，残存下腹及底，斜直腹，假圈足，火候较低，橘红胎，外壁施褐色釉，内壁无釉。腹中部有轮旋痕。残高9.6厘米（图九，2）。M2∶6，残存下腹及底，弧腹，圈足。内壁施褐色米黄色酱釉，外壁及圈足无釉，底径8厘米、残高7厘米（图九，5）。

瓷碟 1件，已残，M2∶7，敞口，圆唇，弧腹，平底。胎质较粗，米黄色，口

照片六 白釉铁锈花四系瓶（M2∶2）

照片七 白釉铁锈花碗（M2∶3）

照片八 白釉铁锈花碗（M2∶4）

考古研究

照片九　黑釉双耳罐（M2∶5）

照片一〇　黑釉瓷碟（M2∶7）

及上腹（含内外壁）施褐釉，下腹无釉，施化妆土，口径6.6厘米、底径3.2厘米、高1.4厘米（图九，8；照片一〇）。

铜钱　18枚，M2∶1，包括"开元通宝""乾元重宝""圣宋元宝""天禧通宝""皇宋通宝""元丰通宝""大定通宝""治平元宝""景德元宝""太平通宝""元祐通宝"等11种。

棺钉　6枚，M2∶8，铁质，已锈蚀，方形钉帽，尖残。残长5.8~8.7厘米。

三、结语

关于北京地区魏晋北朝时期的遗存，迄今资料发表不多，此次发掘的M3与北京地区同期墓葬相比较，其墓葬形制与北京西郊发现的两座西晋墓[①]、北京顺义大营村西晋墓M7[②]、北京密云西晋墓[③]相同，出土器物中夹砂红陶有大量夹云母现象，其中陶罐（M3∶1）与北京顺义大营村西晋墓中陶罐（M1∶1）、北京密云西晋墓中陶罐（M1∶9）相似，陶钵（M3∶4、M3∶5）与北京顺义大营村西晋墓中夹砂红陶钵（M4∶3）、北京房山水碾屯西晋墓[④]中夹砂红陶钵（M12∶6）几乎一样。因此判断M3为西晋时期。

M4形制具有北京地区唐墓的一般特色，如墓室平面多为抹角弧方形等。其墓葬形制与房山长阳唐墓[⑤]相同，墓葬结构还与海淀朱房村唐墓[⑥]、丰台发现的几座唐墓[⑦]、通州次渠发现的唐墓[⑧]有诸多相似之处。出土器物中瓷碗（M4∶1）与昌平旧县大队唐墓[⑨]中的酱釉灯碗几乎一样，所以认为M4为唐代。

M1、M2，其形制与密云县元代壁画墓[⑩]、平谷河北村元墓[⑪]、石景山刘娘府元墓[⑫]大致相同。出土器物中的四系瓶（M2∶2）与平谷河北村元墓M1、M4、M8中的四系瓶相同；白地黑花碗（M2∶3、M2∶4）与密云县元代壁画墓、平谷河北村元墓中的白地黑花碗制法、风格皆一样；瓷双耳罐（M2∶5）与平谷河北村元墓中的（M4∶8）几乎一样。此外，M2中还出土了铜钱"开元通宝""乾元重宝""圣宋元宝""天禧通宝""皇宋通宝""元丰通宝""大定通宝""治平元宝""景德元宝""太平通宝""元祐通宝"等11种唐、宋、辽、金、元时期的铜钱，符合北京地区已发现元代墓葬的风格，即出土铜钱多以唐宋时期货币为主，且又以宋代铜钱为大宗的现象，因此认为M1、M2属元代。

房山琉璃河历史悠久，其西周燕国都城遗址是一处非常重要的西周遗址，包括城址和墓葬，在宗周地区及已发现的西周诸侯国都城遗址中，它是唯一既有城址又有诸侯墓葬的遗址，在西周考古学研究当中占有十分重要的地位。1995年琉璃河唐至明代居址的发掘，收获颇丰，显示琉璃河一带一直以来都比较适宜人居[⑬]。

本次发掘的墓葬，包括西晋、唐及元代三个时期的遗存，年代明确，丰富了北京地区晋、唐、元时期墓葬的资料，为房山乃至北京地区晋、唐、元代墓葬的分期、器物演变等提供了证据，同时为今后该地区社会形态、经济状况、葬俗民俗等研究提供了新的实物资料。

发　掘：韩鸿业
绘　图：张　弥
摄　影：王宇新
执　笔：韩鸿业

① 北京市文物工作队：《北京西郊发现两座西晋墓》，《考古》1964年第4期。
② 北京市文物工作队：《北京市顺义县大营村西晋墓葬发掘简报》，《文物》1983年第10期。
③ 北京市文物研究所、密云县文物管理所：《北京密云西晋墓发掘简报》，《文物春秋》2012年第6期。
④ 北京市文物研究所：《北京房山水碾屯西晋墓发掘简报》，《文物》2017年第1期。
⑤ 北京市文物研究所：《北京长阳唐墓发掘简报》，《文物春秋》2012年第5期。
⑥⑨ 北京市文物工作队：《北京市发现的几座唐墓》，《考古》1980年第6期。
⑦ 北京市文物研究所：《北京近年发现的几座唐墓》，《文物》1992年第9期。
⑧ 北京市文物研究所：《北京通州次渠唐金墓发掘简报》，《文物春秋》2015年第1期。
⑩ 张先得、袁进京：《北京市密云县元代壁画墓》，《文物》1984年第6期。
⑪ 北京市文物研究所：《北京平谷河北村元墓发掘简报》，《文物》2012年第7期。
⑫ 北京市文物研究所：《北京石景山区刘娘府元墓发掘简报》，《考古》2014年第9期。
⑬ 北京市文物研究所、北京大学考古学系：《1995年琉璃河遗址墓葬区发掘简报》，《文物》1996年第6期；琉璃河考古队：《琉璃河遗址1996年度发掘简报》，《文物》1997年第6期；北京市文物研究所、北京大学考古学系：《1995年琉璃河唐～明代居址发掘简报》，《文物》1996年第6期。

长春园海晏堂蓄水楼遗址考古发掘简报

北京市文物研究所

海晏堂蓄水楼遗址位于圆明三园之长春园北部西洋楼景区的中部稍偏西，东为大水法，西为方外观，南、北均为现状公园道路（图一）。遗址地表散落有大量砖、石建筑构件，如青砖、石条、石块等（图二）。有些石质建筑构件是归安或散落在遗址地表的，有些石质建筑构件为原位遗存。遗址处尚存有三合土夯土台，顶部长满杂草，外表个别部位有残存的包砖、裂缝和霉斑等。此外，尚有部分遗迹现象暴露于地表，如台基及散水、门址、石柱、水道口等。

为配合长春园海晏堂蓄水楼遗址的抢修、保护与展示工作，经国家文物局和北京市文物局批准，2015年10月10日至12月30日，北京市文物研究所考古工作人员经过前期考古调查，结合遗址具体情况，对海晏堂蓄水楼遗址进行了正式的考古发掘

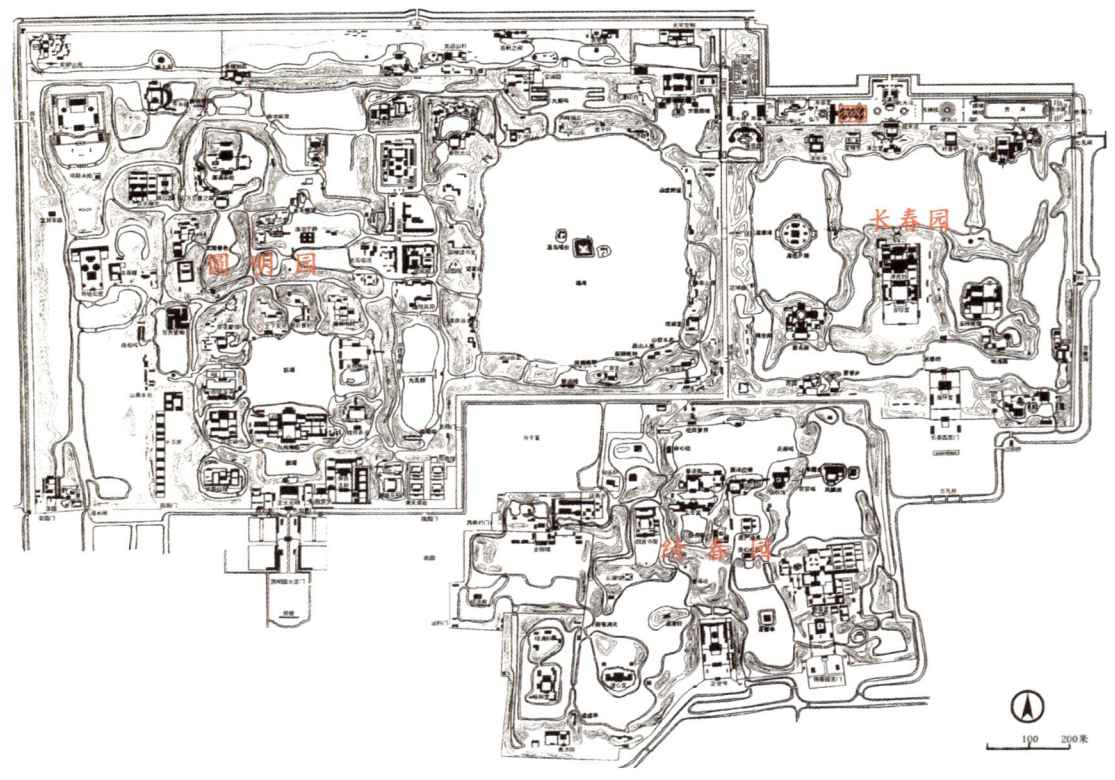

图一 海晏堂蓄水楼遗址发掘位置示意图

图二 发掘前地表现状

图三 发掘后遗址航拍

工作。此次发掘采取整体布方，每个探方为5米×5米，发掘面积共计800平方米。清理出喷泉供排水系统、蓄水楼建筑基础、夯土台、台基、柱础、门址、石柱等（图三）。现将其发掘情况简要报告如下。

一、喷泉供排水系统

包括供排水道3条、水车汲水池4个。

（一）供排水道

水道1、水道2分别位于蓄水楼夯土台

西侧和东侧，南北走向。水道南、北两端均出探方。水道1距现存三合土夯筑台约7.4米。水道2距现存三合土夯筑台约7.6米。从调查情况来看，水道南、北两端分别与蓄水楼四角的4个喷泉池相连。水道3位于水道1中部，与水道1呈丁字形相连。

1. 水道1

位于夯土台西侧（图四、图五）。长23.4米，宽0.6米，深1.3米。直壁，平底。由石砌水道和金刚墙组成。水道壁上部内侧刻有凹槽，共4段，应为落合水道盖板之用。

水道壁由石条砌成，上、下共三层，即最上层为第一层，其下依次为第二层和第三层。石条规格不一，露明看面宽度为0.6米，厚度第一层为0.35米，第二层为0.47米，最下层为0.49米，长度有1.8米、1.65米、1.35米、0.94米、0.9米、0.58米不等。从清理情况来看，砌筑水道壁的石条外侧基本未经精细加工，仅在荒料上做打剥处理，其余5个面均经过加工，内壁和表面打道，其余各面占斧凿平。同层相邻两块石条之间的立缝用白灰浆黏合加固，除第一层外，第二层和第三层相邻两石条之间还用银锭锁固定。上、下层石条之间的卧缝，铺灰坐浆，外侧用石片垫平。上、下层石条之间的立缝相互交缝。

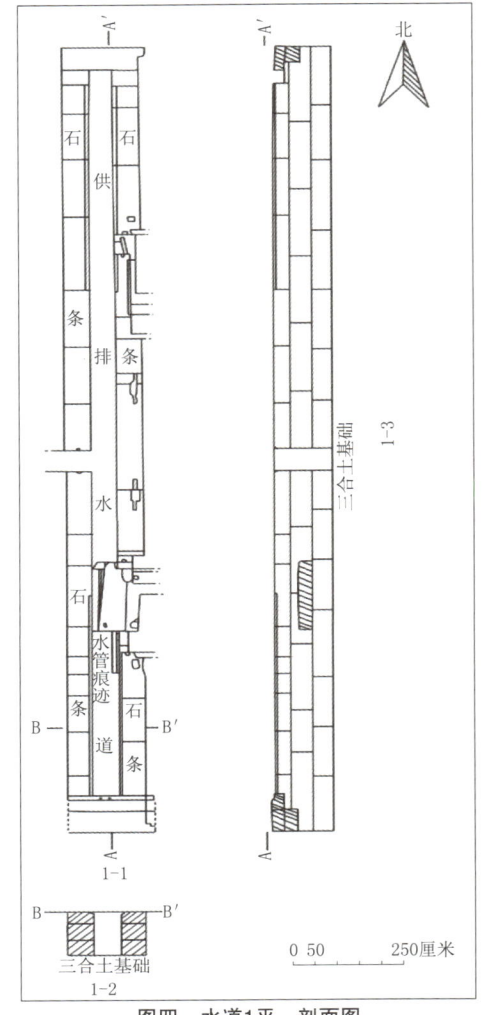

图四　水道1平、剖面图

水道中段壁上有一南一北两组榫眼，编号榫眼1（图六）、榫眼2（图七）。

榫眼1　位于南侧，平面呈 形状。中间的一个榫眼较大，长0.29米，宽0.16~0.17米，深0.23米。两侧的较小，约为边长0.07米的正方形，深0.06~0.07米。榫眼之间有凹槽相连，凹槽长约0.24米，宽约

图五　水道1

图六　榫眼1

图七　榫眼2

0.07～0.08米，深约0.02米。

榫眼2　位于北侧，平面呈 ▭▭▭ 形状。中间的一个榫眼较大，长0.29米，宽0.16～0.17米，深0.23米。两侧的较小，约为边长0.07米的正方形，深0.06米。榫眼之间有凹槽相连，凹槽长0.27米，宽约0.07～0.08米，深约0.02米。

水道底部为三合土，表面平整、坚硬。在南段水道底部还发现有一段三合土凹槽，直径约0.7～0.8米（图八）。

石砌水道壁外侧为金刚墙。金刚墙与石砌水道壁之间填充碎石，浇灌白灰浆。金刚墙由城砖砌筑，部分金刚墙被毁坏，城砖被取走，仅残存金刚墙的基础（图九）。从基础来看，原金刚墙宽约0.8～0.9米。

2. 水道2

位于夯土台东侧。长23.4米，宽0.6米，深1.3米。直壁，平底。由石砌水道和金刚墙组成。形制、砌法与水道1相同，兹不详述。水道底部南、北两端均发现有一定面积的三合土烧结块，烧结块内含有大量的砖、石、琉璃构件（图一〇）。

水道2中段壁上也有一南一北两个榫眼，但与水道1壁上的榫眼形制不同。此组

图八　三合土凹槽

图九　金刚墙基础

图一〇　三合土烧结块

榫眼平面均呈长方形（图一一），长约0.3米，宽约0.16~0.17米，深约0.25米。

3. 水道3

位于水道1中部，东西向，与水道1呈丁字形连接，水道口开在水道1的西壁上（图一二）。水道宽0.6米，深1.3米。其规格及砌筑方式与水道1、水道2相同。在水道壁上部内侧有一对榫眼，左右对称，呈方形，长0.08米，宽0.05米，深0.1米。

（二）水车汲水池

水车汲水池1、水车汲水池2位于水道1东侧，一南一北，分别与水道1相通。水车汲水池3、水车汲水池4位于水道2西侧，一南一北，分别与水道2相通。4个水车汲水池的形制、砌法基本相同，现以水车汲水池2为例进行详细介绍。

水车汲水池2 位于现存三合土夯土台西北角，保存情况较好。四壁由石条砌成，石缝之间用白灰浆黏合。西壁偏北有进水口。底部为三合土（图一三、图一四）。

水车汲水池深约1.74米，上口南北长2.58米，东西宽1.54米。底部南北长1.77米，东西宽1.32米。西壁与水道壁一体，西壁上口部位有凹槽，凹槽位于进水口之南，北距进水口0.14米，长1.6米、宽0.04米、深0.04米。汲水池东、西、北三壁中部有台缘，台缘距上口0.78米。西壁上的台缘宽0.1米，北壁上的台缘宽0.32米，东壁上的台缘宽0.12米。南壁上砌有台阶两级，第一级宽0.32米，高0.34米。第二级宽0.15米，高0.44米。

汲水池西壁上有进水口（图一五），水池通过进水口与水道1相连，水道1内的水可通过此口进入汲水池内。进水口宽0.60~0.64米，高1.18米。

在水池的关键部位凿有榫眼，共12个。

榫眼1 位于进水口上部南侧，凿刻在西壁最上层石条的"头"面上部正中。横剖面呈边长为0.08米的正方形，深0.17米。

榫眼2 位于进水口上部北侧，凿刻在西壁最上层石条的"头"面上部正中，与榫眼1相对。横剖面呈边长为0.08米的

图一一 榫眼

图一二 水道3

图一三 水车汲水池2

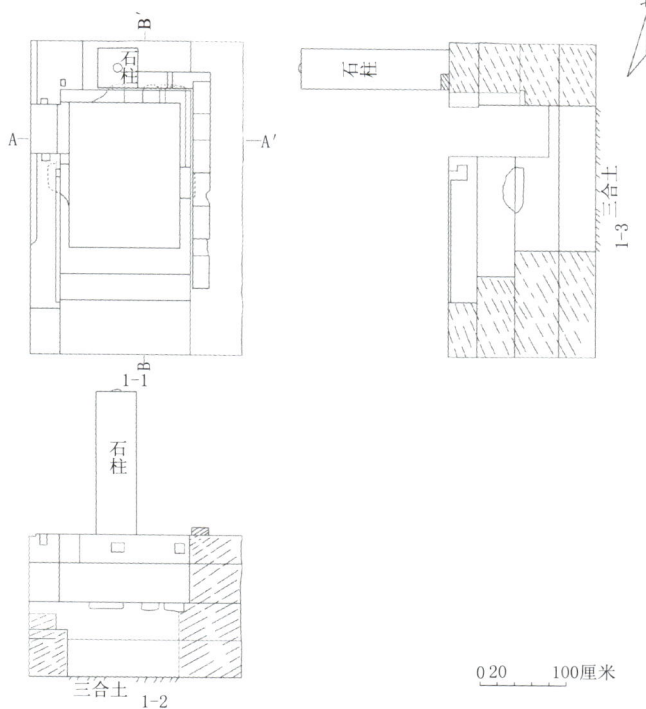

图一四 水车汲水池2平面图及四壁立面图

图一五 进水口

正方形,深0.17米。

榫眼3 在水池西壁表面,底部呈倾斜面,横截面呈长方形,长0.31米,宽0.13米。深0~0.08米。

榫眼4 在水池西壁,凿于最上层石条"肋"面上,靠近进水口,北距进水口0.1米。平面呈长方形,南北长0.18米,上下宽0.12米。有竖槽直通水池上口,便于放置榫头到榫眼的位置。槽南北长0.1米,高0.1米,深约0.08米。

榫眼5 在水池西壁台缘,呈不规整圆形,直径约0.4米,深约0.3米。

榫眼6 位于水池东壁台缘,与榫眼5相对。呈不规整圆形,直径约0.4米,深约0.3米。

榫眼7 位于水池东壁,凿于最上层石条"肋"面居中位置,与榫眼4相对,现被填实。圆形,直径约0.18米,深度不详。上部有槽直通水池上口,方便榫头顺槽落到榫眼内。

榫眼8 位于水池北壁,凿于最上层石条"肋"面,居中,距东壁0.72米,距上口0.1米。长方形,长0.16米,宽0.12米,深约0.1米。

榫眼9 位于水池北壁,凿于最上层石条"肋"面,靠近东壁,距东壁0.06米,距上口0.1米。长方形,长0.1米,宽0.12米,深约0.09米。

榫眼10 位于水池北壁台缘位置,榫眼8正下方,保存状况较差,推测形状当为深入北壁的一道凹槽。

榫眼11 位于水池北壁台缘位置,榫眼10与榫眼12之间,保存状况较差,推测形状当为深入北壁的一道凹槽。

榫眼12 位于水池北壁台缘位置,榫眼9正下方,保存状况较差,推测形状当为深入北壁的一道凹槽。

水池东壁和北壁东半部上原有砖墙,被破坏,现仅存平铺的青砖一层,三顺一丁,砖的规格为0.4米×0.2米×0.1米。北壁中部有一石柱与原来的砖墙相连。石柱平面近方形,边长0.49米,高1.75米。柱顶中部有一凸出的圆形榫头,直径约0.1米,高约0.03米。

二、蓄水楼建筑基础

通过局部解剖,整个蓄水楼基础为

图一六　三合土1、2

最下层素夯，素夯之上夯筑三合土。三合土可分为两个大层，即三合土1、三合土2（图一六）。

（一）三合土1

三合土1是整个蓄水楼地下满堂红式的三合土基础，厚度约0.55米。南、北边界在现存墙基外约1.7米，东、西边界因不具备考古工作条件，无法确定。

三合土1表面坚硬、结实，上有明显的铺砖痕迹，个别地方残留有铺砖。铺砖方式为，在紧邻三合土2边缘位置采取三顺一丁的砌筑方式，其余部位均为平砖顺砌，行与行之间相互错缝。从三合土1表面到三合土2表面共有9层铺砖。砖的规格为0.42米×0.2米×0.1米。从调查来看，三合土1之上的铺砖是为了砌筑砖框，以便用来夯筑三合土2之用。

（二）三合土2

三合土2位于三合土1之上，范围小于三合土1，现存的三合土夯筑台基直接坐落在三合土2上。三合土2东西长27.3米，南北宽12.6米，厚0.85米，逐层夯筑而成，每层厚约0.18～0.25米。

三合土2与三合土1的硬度、外观、成分相同。三合土2之上原来也有铺砖，但铺砖几乎无存，仅剩下明显的铺砖痕迹。铺砖方式与三合土1之上的铺砖方式相同，即在紧邻三合土夯土台边缘位置采取三顺一丁的砌筑方式，其余部位均为平砖顺砌，错缝。从调查来看，三合土2之上的铺砖同样为砌筑砖框、夯筑三合土之用。

三、夯土台

夯土台，即遗址处现存的三合土高台，坐落在三合土2之上。由于雨水冲刷、腐蚀、风化、病害等原因，夯土台的顶部有损坏，表皮有脱落和菌斑（图一七、图一八）。

夯土台平剖面为长方形，纵剖面呈倒阶梯状，残高约6.3米。自下而上，至少由11个三合土夯筑层组成。第一层东西长23.1米，南北宽8.2米，高0.6米。第二层

图一七　夯土台

图一八　夯土台局部

东西长23.5米，南北宽8.65米，高0.6米。第三层东西长24.05米，南北宽9.2米，高0.7米。第四层东西长24.6米，南北宽9.7米，高0.65米。第五层东西长25.15米，南北宽10.25米，高0.55米。第六层东西长25.7米，南北宽10.75米，高0.6米。第七层东西长26.2米，南北宽11.3米，高0.75米。第八层东西长26.8米，南北宽8.2米，高0.6米。第九层东西残长27.05米，南北宽12.35米，高0.4米。第十层东西残长27.25米，南北宽12.85米，高0.35米。第十一层东西残长27.85米，南北残宽12.85米，高0.4米。

四、台基及柱础

台基坐落在砖基础之上，由土衬石、陡板石和阶条石组成，内侧为修砌规整的青砖。相邻两块陡板石之间的接缝处有压砖石，以起稳固作用（图一九、图二○）。南侧台基的东半部和北侧台基的西部被破坏，现存部分为现代修复，其余部分保存完好。

土衬石金边宽0.08米，陡板石厚0.32米，阶条石厚0.48米。陡板石和阶条石长度不一，有1.1米、2.06米、1.02米、1.3米、1.95米等规格。阶条石露明部分宽约0.27米，柱础外露明部分宽约0.07米。土衬石、陡板石和阶条石均为青石材质。

台基外侧有散水（图二一）。散水与土衬石基本持平，略低，宽0.5米，由长方形青砖顺铺而成，俗称"一品书"，外侧有牙子砖。青砖规格为0.41米×0.21米×0.09米。

石柱础位于台基的阶条石之上，相邻两石柱础及石柱础与门柱之间砌砖墙，砖

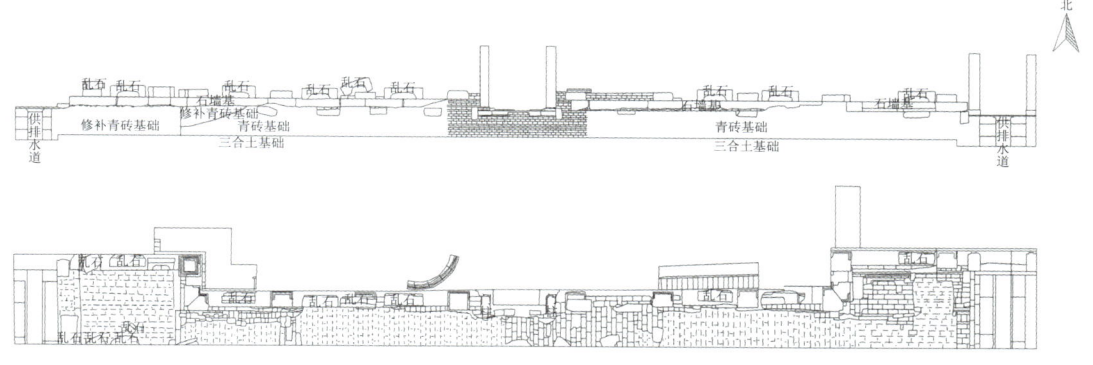

图一九　海晏堂蓄水楼北侧台基基础及内侧正视图

图二〇 台基基础及内侧（局部）

墙最外层为三顺一丁砌筑方式。石柱础均由一整块石材凿刻而成，仅在看面部分进行磨光细作，雕刻出柱础形制，柱础顶部接触面（鼓镜上皮）打道，其余各面仅做粗略加工，将石材面基本找平。

柱础看面部分外观一致，下半部分（柱脚、柱顶盘）呈规则的方形，素作；上半部分（柱顶、鼓镜）做成须弥座的下半部形状，即只做出下枋、下枭部分。柱脚（柱顶盘）看面均宽0.83～0.84米，高0.16米，露明部分南北均长0.2米。柱顶（鼓镜）露明看面均宽0.7米，高0.17米。柱础通高0.33米。

此次清理与发掘柱础20个，南侧台基上8个，北侧台基上12个。为便于描述，南侧台基上的柱础自西向东依次编号为1～8，北侧台基上的柱础自东向西依次编号为9～20。可分为两种形制，即转角柱础和正位柱础。转角柱础（图二二）由两个石柱础拼组而成，其中，两个柱础的接触部位抹角对齐，看面部分外观呈"L"型。正位柱础（图二三）平面基本为方形。现两种形制的柱础各择一例进行详细介绍。

图二一 散水

图二二 转角柱础

图二三 正位柱础

柱础1　位于西部水车间廊道南门东侧，平面长方形，柱脚（柱顶盘）长0.83米，宽0.7米，厚0.16米。柱顶（鼓镜）长0.7米，宽0.75米，厚0.17米，通高0.33米。柱础南部看面鼓镜部分有叠涩须弥式雕刻。

柱础3　南距柱础2约0.5米，位于墙基内拐角处，由两块石料拼合而成，平面呈不规则形，东西长0.65~1米，南北宽0.7~0.95米，高约0.33米。看面呈"L"形，上半部（鼓镜）有叠涩须弥式雕刻。

五、门址

共6处，南侧3处，北侧3处，南、北两两相对。为便于描述，南侧自西向东依次编号为门址1、门址2、门址3；北侧自东向西依次编号为门址4、门址5、门址6。其中，门址2与门址5形制相同，为非实用门，不能通行。其余4处门址形制相同，为实用门，可通行。各门址现保存有过门石、石门柱及石柱础。门柱只在看面部分磨光，其余表面基本找平，外侧与砖墙相连接。现砖墙无存，仅能明显看出石柱与原砖墙之间的黏合物——白灰。实用门门柱后面有榫眼，以固定门扉；被封堵死的非实用门则无。现以门址1和门址2为例进行详细描述。

门址1　为海晏堂西侧水车房廊道南门（图二四），宽1.9米，东、西两侧有门柱。门柱平面近"凸"字形，长0.7~0.75米，宽0.25~0.45米，高2.28米。柱身外侧抹角，做内凹弧形。柱身后面有榫眼，每柱上、下各一对，上面的榫眼距柱顶0.54米，下面的榫眼距柱础石亦为0.54米。榫眼0.04~0.05米见方，深约0.04~0.05米。门柱顶部有石构件，呈三层叠涩状，最长处0.8米，最宽处0.63米，厚0.26米。门柱下有柱础石，形状与门柱形状一致，露明边缘宽约0.02米，高0.22米。柱础石镶于过门石凹槽中，槽深约0.01米。

过门石有两块石条铺而成。外侧石条长2.83米，宽0.65米。内侧石条长1.8米，宽0.3米，总厚0.28米，呈一级台阶状，台阶厚0.03米。该石条中部表面刻有两个长方形小榫窝，长0.03米，宽0.02米，深0.02米，当为门后插槽。

门址2　位于工字形蓄水楼南墙正中（图二五），宽2.18米，两侧有门柱。门柱平面近"凸"字形，南北长0.75~0.8米，东西宽0.35~0.55米，高2.46米。柱身外侧抹角，做内凹弧形，抹角部分自上

图二四　门址1

图二五　门址2

考古研究

图二六　西侧石柱

图二七　东侧石柱

而下凿沟一道，剩下部分也自上而下凿沟一道。门柱上部有雕刻石构件，形制同门址1东侧门柱柱顶，南北长约0.85米，东西宽约0.6米，高0.26米。门柱下有柱础，高0.22米，露明边缘宽约0.05米。柱础镶于其下的石条凹槽中，石条0.65米见方，槽深0.02米。

外侧过门石长1.82米，宽0.65米，为一整块石板平铺而成。

六、石柱

共11个，西侧6个（图二六），东侧5个（图二七），分别位于水道1、水道2内侧，距水道约1.35米。石柱均为方形，砌在石条上。石条宽约0.65米，厚约0.2米。石条外边距水道1.25米。石条下为青砖基础。石条与水道之间为铺地砖，铺地砖之下为砖基础。石柱之间原砌有砖墙，现无存。

西侧石柱与水道1之间的部分尚存铺地砖，铺地砖下的基础保存完好。铺地砖为长方形青砖，规格为0.42米×0.21米×0.11米，东西向错缝平铺。铺地砖下的基础用砖也是青砖，南北向错缝平铺，规格为0.4米×0.2米×0.1米。

东侧石柱与水道2之间原来也应该有铺地砖及砖基础，现均无存，仅剩下最底层三合土基础。

七、考古收获与认识

（一）历史资料中记载的海晏堂蓄水楼

关于长春园海晏堂的历史资料主要有档案材料、"样式雷"图和铜版画。据档案材料的记载，海晏堂俗称水法十一间楼，乾隆二十四年（1759）基本建成，四十六年（1781）悬挂海晏堂匾额[①]。根据国家图书馆所收藏的"样式雷"图档及铜版画，海晏堂由西向十一间楼、工字形蓄水楼及周围诸喷泉构成。十一间楼面阔十一间，上下两层，与工字形蓄水楼之间有廊道连接。工字形蓄水楼东西面阔十三间，中间七间内收，南北两面均有门窗。东西外观为二层楼式，其上层为提水用的水车房。东西水车房之间为蓄水池，俗称"锡海"，供水给海晏堂景区诸喷泉。这些喷泉包括海晏堂十一间楼前的十二生肖喷泉和工字形蓄水楼四角的喷泉。工字形蓄水楼东面是盘旋楼梯，可登攀蓄水楼之上的水车房。盘旋楼梯中间有门，门外有道路可通往位于海晏堂东部的大水法景区。

蓄水楼是海晏堂景区诸喷泉的供水塔。据内务府奏案记载，此处水法的运水器械，最初采用"登攀水车，每日用园户十四名，每名每日给饭食制钱三十文"[②]。但到了乾隆二十八年（1763），"因水法骡头拉水轮盘等件不时损坏，改安辘轳，雇觅夫役打水。……十一间楼亦安设辘轳，其园户登攀水车之处一并裁汰"[③]。其理由为"汲水不急，糜费实多"，"改为人力戽水，较前简便……"[④]。此处共安装"辘轳四份，每分用长三丈五尺麻绳一根，计二分，麻绳八根，大罐四个，计二分，用大罐十六个"[⑤]。到了乾隆六十年（1795）时，又将水法铜管拆掉，因"改为人力戽水"，"其铜管一项徒存无用，约有八千余斤，置之年久，必致废弃，莫若将此项铜管融化为铜，以资铸造之用……"[⑥]。可见，海晏堂水法的运水器械起初为登攀水车，后改为辘轳，后因糜费，干脆连输水铜管也给拆掉，以获取铜料。西洋的先进科技在圆明园昙花一现，仅猎取了一时之奇。

（二）考古发现所揭示的海晏堂蓄水楼

1. 明确了海晏堂景区喷泉水循环系统的具体情况

无论从档案史料记载、还是从铜版画及"样式雷"图上看，喷泉系统的水循环路径是不能全部知晓的。此次考古发掘表明，该处水体是循环利用的，即从水道进入水车汲水池的水通过水车或人工提拉送至蓄水楼顶部的锡海，锡海中存储的水再通过铜管输送至各喷泉口，由高差产生的压强而达到喷泉效果，喷泉喷出的水溅落至喷泉池内，喷泉池与水道连通，喷泉喷出的水流进水道，等水道内的水上升到一定水位后，水道与水车间相连接的水门打开，水进入水车汲水池，汲水池内的水再通过水车运转送至蓄水楼顶部的锡海。如此循环往复，形成一个完美的水循环。

此外，此次考古发掘未发现由蓄水楼通往其东部大水法景区的地下水道系统。据目前调查，亦尚未发现大水法景区诸喷泉的供水源。根据文献记载，海晏堂与大水法为同期建成，故两景区内的供排水系统也当一体规划，由此推断，大水法喷泉的水源似乎也应当来自海晏堂蓄水楼，有待进一步考证。

2. 明确了海晏堂蓄水楼建筑工程做法

通过发掘，基本搞清楚了蓄水楼基础做法。蓄水楼基础做法为满堂红式，即先开挖基槽，在基槽底部先素夯，素夯之上再层层夯筑三合土。

其具体做法为，在挖好的基槽内用好土层层夯实，谓之素夯。在素夯之上先夯筑第一层三合土。之后，在第一层三合土表面四周砌筑砖框，砖框砌到一定高度后，在砖框中间夯筑第二层三合土，厚度与砖框齐平。现存的蓄水楼三合土夯土台，也即蓄水楼的三合土内芯，便坐落在第二层三合土之上。

自第二层三合土往上，开始修筑蓄水楼的三合土内芯，即现今我们仍可以看到的大型三合土夯土台。夯土台的砌筑方法为，在第二层三合土表面四周砌一定高度的砖框，然后在砖框内夯筑三合土，厚度与砖框齐平。往上，依此方式逐层砌筑，砖框外围保持不变（砖框外围即蓄水楼的外墙），但厚度逐级减少，如此所形成的砖框就逐级扩大，其内部所夯筑的三合土平面也随砖框逐级扩大。故当砖框被彻底破坏时所剩下的内部三合土夯土台就呈现出底小头大、自下往上层层向外叠涩的形状。从三合土夯土台的现存情况来看，夯土台至少由11个大的三合土夯筑层构成，也即砖框分砌11次。这些大的三合土夯筑层也不是一次性筑成，而是分几次完成，故在大层内能看到有几个小的三合土层。

此外，水道和水车汲水池同建在第一层三合土之上，两者外侧的金刚墙亦为一体，故水道及其相邻的水车汲水池为一体建造。

3. 印证了史料中关于清代建筑技术方面的一些记载

《圆明园内工石作现行则例》记载了清代石活的加工技术，包括做糙、做细、占斧、扁光等；石活的连接包括做榫、做磕绊、做仔口、下铁锔、下银锭等。通过此次发掘，以直观的形式呈现了史料中记载的关于石活加工、连接、稳定等技术与方式，如门柱及石柱础的看面部分均采用磨光的加工手法，水道壁采用打道的加工手法；石活之间的稳固与连接除使用灰浆外，还使用了银锭和"背山"。

4. 加深了对清代建筑材料烧造工艺的认识

通过对石条之间、青砖之间的黏合物，三合土及各种形制青砖、釉料等的采样做科技考古方面的分析，为我们提供了清代建筑工程灰料成分的客观数据，为还原清代建筑材料的烧造工艺提供了科学依据。

5. 对海晏堂蓄水楼的认识做了补充

根据铜版画及相关记载，蓄水楼东、西面阔13间，南北两侧各有门3个。通过此次考古发掘证实，在蓄水楼的6个门中，仅有4处，即东西两端水车间内的南北廊道门能通行，具有实际功能；中间的两个为假门，仅起装饰作用。

执笔：张利芳
航拍：刘建国
照相：张中华、张利芳
绘图：侯广平

---

① 中国第一历史档案馆编：《圆明园》，上海古籍出版社，1991年，第1359页、1424页、1560页。

②③ 中国第一历史档案馆编：《圆明园》，上海古籍出版社，1991年，第133页。

④⑥ 中国第一历史档案馆编：《圆明园》，上海古籍出版社，1991年，第1638页。

⑤ 中国第一历史档案馆编：《圆明园》，上海古籍出版社，1991年，第1011页。

年画类展览策划与实施的探索

——以"画中有戏:国家大剧院藏戏出木版年画展"为例

张晓杰

一、选题策划

对于博物馆来说,举办什么样的展览,首先要进行研究,根据自身性质、任务、社会环境和观众构成等因素,确定展览选题,这是博物馆实现其主要社会功能的基本前提,也是展览总体研究与设计工作的第一项任务[①]。

2015年初,国家大剧院计划于当年12月举办院藏年画主题展览以迎接建院八周年及丙申新年。"年画"这一中国传统民间艺术形式广为世人所熟知,此前有关年画收藏、展示及研究的成果颇为丰硕,"传统选题的新探索"是本次展览策划之初首要思考的问题。

以往年画类展览,大多是基于馆藏资源的精品式、综合式展示,按照不同产地或题材划分单元,内容涉及年画的产生、题材类型、地域风格、制作流程等方面,采用传统挂画式的展陈方式。此类展览的主题明确、结构也较为清晰,但是对于年画更深层次内涵的挖掘不足,因而观众的视角也大多只停留在艺术欣赏层面。所以笔者认为,年画类展览需要由"大而全"向"小而精"转变,例如针对某一地区、某一类题材,甚至某个画店的作品,依托学术研究成果,进行纵向深入挖掘[②]。

本次展览尝试选取新的角度,运用跨学科的理论方法对年画进行深入剖析。首先,基于国家大剧院自身性质和藏品特点,确定以"戏出年画"这一独特的年画题材作为展览选题,这是以往年画类展览所未见的。第二,展览一方面将"戏出年画"作为人们辞旧迎新、装点家居的美术作品,充分展现其艺术价值,同时还将其作为戏曲艺术的固化载体和传播媒介,深入挖掘其社会价值,探讨"戏"与"画"的关系。策划本次"画中有戏:国家大剧院藏戏出木版年画展",还综合考虑以下三方面的因素。

(一)打造剧院品牌形象,充实剧院文化内涵

作为国家表演艺术中心,国家大剧院不仅汇集国内外舞台表演艺术精华,还致力于打造品位高雅、亲近大众的艺术殿堂,通过多种殿堂经营途径有效拓展剧院功能,营造浓郁的艺术氛围,满足观众多元化、多层面的艺术体验。

展览是殿堂经营的重要组成部分和展示剧院形象的重要载体,而表演艺术中心则为展览提供了大量优势资源。经过长期探索与实践,剧院确立了"以表演艺术为核心"的展览定位,策划与之相关的展览选题,不仅符合剧院自身性质,且构成了剧院展览最鲜明的版块和差异化特色。剧院展览作为表演艺术的有效延伸,定格了舞台上的瞬间,展现着"不落幕"的精彩。因此,在本次年画展览策划之初,便侧重挖掘与戏曲艺术密切相关的"戏出年画"题材,充分发挥剧院在演出、观众资源等方面的优势。策划表演艺术题材展览,对拓展剧院功能、构建品牌形象、充

（二）深入挖掘藏品潜力，形成学术体系

在藏品征集过程中，剧院同样紧密围绕表演艺术题材，既着眼于国内外高水准的艺术创作，又关注于人们喜闻乐见的传统艺术形式，逐步形成了独具特色的藏品体系，主要包括视觉艺术类、工艺美术类、原创艺术生产类、杂项类和资料档案类五个类别。年画属于工艺美术类，2009年至2015年，剧院先后征集苏州桃花坞、潍坊杨家埠、河南朱仙镇、陕西凤翔、天津杨柳青、河北武强五个主要年画产地的200余件作品，涵盖了戏出、历史故事、神话传说、世俗生活等多个题材。院藏戏出年画的数量最为丰富，画样多为清末、民国时期的旧版，保存状况良好，具有鲜明的地域特色，表现形式丰富，经过系统整理，具备较为成熟的展出条件。

十年来，国家大剧院共举办300余场展览，逐步形成了"表演艺术""视觉艺术""文化遗产"三大展览类别，以及"中华戏曲瑰宝""认识中外乐器""世界著名音乐家""少数民族音乐文化""舞台艺术""走近非物质文化遗产"等多个系列，构成了多角度、多层次的剧院展览体系。各类别、系列之间并非孤立而是互相交融的关系，以本次展览为例，戏出年画是一项集戏曲、绘画、雕版印刷于一体的综合艺术，同时，年画绘制技艺也被列入国家级非物质文化遗产名录。表演艺术、视觉艺术、文化遗产水乳交融的共生关系在"戏出年画"这一传统民间美术形式上得到了充分的体现。

（三）构建完整的现代公共文化服务体系

党的十八大将公共文化服务体系建设作为全面建成小康社会的重要内容。党的十八届三中全会再次提出，将构建现代公共文化服务体系、促进基本公共文化服务标准化、均等化作为全面深化改革的重点任务之一，加快构建覆盖城乡、便捷高效、保基本、促公平的现代公共文化服务体系。构建现代公共文化服务体系的重点工作之一，是丰富公共文化产品和服务供给，为人民群众提供内容丰富、形式多样、健康向上、品质优良的公共文化产品和服务。博物馆是公益性文化服务机构，承担着为人民群众提供优质文化服务的社会责任。博物馆运用科学化的管理模式，通过收集保藏文物和标本，举办各种类型陈列展览等途径，满足人民群众多层次、多角度的文化需求，弘扬社会主义核心价值观。然而，就目前国内博物馆陈列展览内容来看，仍然以社会历史类陈列为主，艺术类陈列，特别是涉及表演艺术、民间工艺美术等相关题材的陈列相对较少，形成缺环。作为国家表演艺术中心，国家大剧院有责任面向公众提供高品位、高水准的公共文化产品和服务，推广普及高雅艺术和优秀民族艺术。围绕表演艺术策划展览，使观众即使不进入剧场，也能感受艺术的熏陶，使每个人都能在剧院平等分享公共艺术资源。因此，策划戏出年画主题展览，充分发挥剧院各方面优势，对于构建完整的现代公共文化服务体系具有重要意义。

二、内容设计

在展览内容设计阶段，基于对院藏戏出年画的全面系统梳理，选择具有典型性、代表性的年画作品，充分展现戏出年画在画面内容、表现手法和表现形式方面独具特色的艺术价值。戏出年画的产生和发展与人民生活息息相关，折射出不同地理空间下的文化形态，发挥着记录、宣传教育的功能。展览的文字内容围绕"戏""画"关系铺陈，深入挖掘戏出年画深厚的社会价值，引发观众思考。

（一）展品选择体现戏出年画的艺术价值

1.富于故事性和动态感的画面内容

戏曲是舞台上的表演艺术，一个独

立的剧目通常被称为"齣"（简化字为"出"），因此，描绘戏曲舞台演出的年画叫做"戏出年画"。戏出年画最鲜明的特点在于画面内容的故事性，俗话说"画中要有戏，百观才不腻"，这一点既不同于其他吉庆、侍女、娃娃、门神类年画，也有别于清代升平署扮相谱、名伶肖像等戏曲题材的绘画形式。

我国戏曲故事的内容极为丰富，神话传说、风俗演义、历史故事等为戏曲、同时也为戏出年画提供了丰富的资源，例如《三国演义》《水浒传》《西游记》《白蛇传》《隋唐演义》《杨家将》等。在展品选择过程中，注重展现戏出年画的故事性特点，选取观众较为熟知的剧目，如取材于三国故事的桃花坞年画《献苦肉计黄盖受刑》、杨家埠年画《战宛城》，出自白蛇传故事的杨柳青年画《盗仙草》、凤翔年画《游湖借伞》《断桥》，源于牛郎织女传说的武强年画《天河配》，等等。观众在欣赏展品时，不仅可以感受到戏曲舞台上演出的情境，还能够通过画面中角色的表情、身段、行头、所处的环境，联想到完整的故事情节，使戏出年画故事性的特点得到了充分体现。

戏出年画中的人物角色富于动感、极具张力，这与戏曲舞台表演的基本原理和清代以来武戏渐兴的时代背景有着密切关系。近代国剧研究大师齐如山先生将戏曲的本质特征概括为"有声必歌，无动不舞"③，他记述了京剧舞台最基本的256种形体动作，并将其划分为形容人物心思之舞、形容做事之舞和形容词句意义之舞三个类别。剧中人物内心的喜怒哀乐、念诵词句的意义，以及起霸、趟马、走边、对兵器、行走、提鞋、出门、上楼、过河、划船等行为，均外化为富有韵律且程式化的舞姿。戏出年画画师为了准确把握故事情节和人物性格特征，极为重视对于角色举止身段的刻画，依据各行当的特点总结成画诀：

青衣手捧心，武旦疾如风，闺门目下行，花旦插腰巾。

小生风流又潇洒，举止多文雅，歪头目传情，呆立易显俊。

脚为武将根，立要丁字样，两臂向开扎，必是拉弓架。

丑角缩头又耸肩，蜂腰搭架手，脚跷腿下蹲，坐行如摆柳。④

清代中后期开始，花部兴起，雅部衰落，"民间观众对于节奏缓慢、无病呻吟、小题大做、千篇一律的生旦传奇不感兴趣，他们爱好看那些热烈、奔放、感情浓郁、节奏快捷、表演质朴的动作戏"⑤。于是，三国、精忠说岳、明英烈等"长靠"戏，和彭公案、施公案等"短打"武戏受到观众的极大青睐。戏出年画画师也注意到了人们的审美变化，创作了大量长靠、短打内容的戏出年画。

以长靠、短打为内容的戏出年画数量丰富，在全国各主要年画产地多有出现，画中角色翻身跌打、颇具动感，展览对此选择具有代表性的作品集中展示。例如桃花坞年画《快活岭》（图一），这出戏取材于《水浒传》，讲述的是恶霸蒋门神倚势夺占快活林酒馆，武松出手相救，痛打蒋门神、夺回快活林的故事。画面中间的武松双手握拳，双臂展开平举，单足立地，似大鹏展翅，双目怒对画面右侧的蒋门神，而蒋门神扬腿转身作不敌架势。其下方的酒保双手伏地，双腿向上竖起，似

图一　苏州桃花坞戏出年画《快活岭》

作翻滚逃跑之势,画面左侧立于桌上的蒋门神妻双手平举握拳,向武松打将下来,犹如饿虎扑食,地下翻倒的酒缸点明了故事的发生地"快活林酒馆"。整幅画面构图饱满,武打功架变化多样却繁而不乱,人物性格显露无遗。观众观赏此类年画,在节奏紧张、扣人心弦的故事情节中,得到了视觉效果上的愉悦和艺术享受。

2. 写意与写实相结合的表现手法

齐如山先生认为,戏曲在舞台表演、舞台美术、舞台时空上采用"避免写实"的艺术手段来进行创作。在《国剧艺术汇考》一书中,他用"不许真物器上台""不许写实"来总结戏曲的写意性特征⑥,这一点在发声、动作、衣服、脸谱、胡须、物器、场子等多个方面都有所体现。例如,戏曲舞台上的砌末不同于生活中的真实形态,以布城代表城池、以马鞭代表马匹、以车旗代表车辇等,而舞台上的空间处理同样具有写意性,走几个圆场可能就走完了剧中的几百里路程,桌上放着令箭就代表中军帐,放着文房四宝就是书房。

戏出年画的表现手法,一方面遵循戏曲艺术的写意性原则,忠实于演出实况,与此同时,也创新式地运用写实性手法表现人物与道具、布景的关系,这有可能是清康乾时期中国美术受到西方写实主义绘画影响的结果⑦。王树村先生曾用"真、假、虚、实、宾、主、聚、散"八个字总结杨柳青年画的绘画技法,其中的"真、假"即是运用写实和写意手法描绘道具布景⑧。而这两种表现手法又并非各自孤立,而是互相融合的。因此,在选择展品时,力求选择具有代表性的作品,以展现戏出年画写意与写实相结合的表现手法。

例如,在"天津杨柳青戏出年画"单元展出的《长坂坡》(图二),选自家喻户晓的三国故事。画面中的子龙怀抱阿斗,手持宝剑骑于白马之上,远处山峦起伏、硝烟四起,曹操在山头督军,子龙左右冲杀骁勇顽强,终于冲出重围。画面中的山峦、亭台、战马、旌旗全部为实景、实物。与《长坂坡》相邻展出的是观众熟知的《三岔口》(图三),描绘的正是最精彩的"摸黑打斗"一场,画面内容简洁,除角色之外,砌末只有一桌,任堂惠与刘利华围绕此桌,在黑暗中打斗过招,气氛紧张刺激,这样的安排完全忠实于演出的实际情况。《长坂坡》与《三岔口》两幅作品组合展出,意在使观众直观感受到戏出年画两种截然不同的表现手法。"苏州桃花坞戏出年画"单元展示的《空城计》(图四),画面中诸葛亮立于布城之上,而城下的司马懿、司马师、司马昭却骑在真马之上,写意与写实的融合关系

图二 天津杨柳青戏出年画《长坂坡》

图三　天津杨柳青戏出年画《三岔口》　　　　图四　苏州桃花坞戏出年画《空城计》

在该幅作品上体现得淋漓尽致。

3. 灵活多样的表现形式

中国民间年画在漫长的历史发展过程中，形成了特有的表现形式，因使用场所及功能的不同，年画的表现形式也呈现出多样化的特点，大致可分为贡笺、中堂、条屏、三裁、炕围、窗画、门画、历画、灯画等多个类别。就目前收藏及研究情况来看，戏出年画的表现形式主要有贡笺、三裁、条屏、门画、灯画等。

本次展览展出的作品，力求较为全面地呈现戏出年画多样化的表现形式。"贡笺"最初以贡笺纸印刷而得名，一般画幅较大，约为四尺整张，以杨柳青年画居多，代表作有《狄青招亲》《忠义堂》等。戏出年画以"三裁"体裁较为常见，即整张纸裁为三开所印，又分横式、竖式两种，戏出年画以横式居多。"条屏"源自屏风上的绢画，是将整张纸横截二开长条而成，常以四条、六条、八条为一组，绘制一出戏中几个连续的故事情节，例如武强年画《天河配》（图五）。"门画"即贴在门上的年画，不仅有门神、童子、美人等题材，有些戏曲题材也采用这种形式，以河南朱仙镇戏出年画尤为典型，如《长坂坡》《三娘教子》等。"灯画"是旧时糊制灯笼的纸画，常以四幅或六幅为一组，戏出亦是其常见的一类题材，如凤翔年画《郭艾拜寿》《二度梅》等。

"戏"与"画"的关系在表现形式方面亦呈现出多样化的特点。各地戏出年画以"一画一戏"的形式最为常见，即一幅画面只描绘一出戏中的一个典型场景。除此之外，还有"多画一戏"和"一画多戏"的情况，在本次展览中也有所体现。"多画一戏"是指由多幅画面描绘一整出戏，如"陕西凤翔戏出年画"单元展出的由《龙宫借宝》《三藏收徒》《三打白骨精》《三盗芭蕉扇》《无底洞》《狮子洞》《通天河》《求真经》组成的全本《西游记》。而"一画多戏"则指打破原有时间与空间的设定，在一幅画面中融合了多个互相关联的故事情节，以杨柳青年画《全出白蛇传》最为典型，画师以回春堂药铺、西湖、金山寺、断桥不同空间分割画面，串联起游湖借伞、许仙开药铺、误饮雄黄酒、小青盗宝、白素贞盗仙草、水漫金山、断桥相会、状元祭塔等多个片段。又如桃花坞年画《全本落帽风狸猫换真主》（图六），画面以墨线划分为八个区域，从右上至左下按照情节发展，以"设奸计狸猫换真主"开始，至"郭太监虎头铡分身"而终，整幅画面情节连贯，节奏紧凑，可谓戏出年画中的"连环画"。

（二）文字说明展现戏出年画的社会价值

展览序言部分，首先向观众阐释了戏出年画的社会属性。戏出年画是中国传统民间年画艺术的重要组成部分，它的出现与戏曲艺术的蓬勃发展及其他表现戏曲艺术的美术形式密不可分。在戏出年画产生

图五　河北武强戏出年画《天河配》

图六　苏州桃花坞戏出年画《全本落帽风狸猫换真主》

外观赏戏曲的延展性空间，凝聚着人们对于美好事物和幸福生活的憧憬与向往。

1. 单元说明阐释戏出年画的地域性特征

不同的文化形态有着各自相对应的文化地理空间，戏出年画的分布广泛且地域性特点鲜明，不同地域的自然环境、经济水平、生活习俗、文化传统，特别是戏曲种类，对当地戏出年画都产生极大影响。例如，就戏曲种类而言，杨柳青戏出年画以反映京畿一带京剧的演出盛况为主，早期苏州桃花坞戏出年画描绘的多为昆曲剧目，陕西凤翔戏出年画则多取材于秦腔，等等。每个剧种都是在特定的地域环境中产生，而与之密切相关的戏出年画也成为当地文化面貌的缩影。因此，展览按照不同年画产地划分为"天津杨柳青戏出年画""苏州桃花坞戏出年画""潍坊杨家埠戏出年画""河北武强戏出年画""河南朱仙镇戏出年画"和"陕西凤翔戏出年画"六个单元分别阐释。以杨柳青和桃花坞两地为例：

杨柳青戏出年画可谓是"戏出年画中的工笔画"，精美传神为其他地区所不及。杨柳青位于天津西郊，距离京城一百多公里，前有南运河，后有子牙河、大清

之前，已有宋金时期的戏曲砖雕、石刻及元代的壁画、明代的版画和木雕，然而真正把"画中有戏，戏中有画"发挥得淋漓尽致，内容最为丰富、影响最为深远的，莫过于"戏出年画"⑨。为了满足人们的审美需求，戏出年画应运而生。戏曲是旧时一项广受欢迎的娱乐形式，人们从中获得视觉和听觉的双重享受，汲取知识和道德的养分。然而对于无法经常到戏园观戏的普通百姓来说，买张价格低廉的年画挂在家中细细品味、讲今说古，倒也是乐事一桩。戏出年画将舞台上的表演通过年画的形式固化下来并传播出去，成为舞台之

河，水陆交通发达，商贸往来极为便利。杨柳青木版年画约始于明代，清代中期已声名远播，画店鳞次栉比，"家家会点染，户户会丹青"，拥有戴廉增、齐健隆等一批历史悠久的画店和专业从事年画创作、绘制的艺人。杨柳青年画以其半印半绘的独特技法、细腻精湛的工艺、丰富的题材，广受宫廷、官宦、商贾、文人及市民阶层的青睐。乾隆五十五年（1790年）四大徽班进京，昆腔、弋阳腔、秦腔等多种声腔互相吸收融合，最终形成新的剧种——京剧，咸丰之后盛行全国。杨柳青画店吸收戏曲艺术作为年画题材，聘请画师到戏园观戏写生，创作了一大批精美的戏出年画作品，有的作品还成为山东潍坊、寒亭等地戏出年画的范本，广为流传。

昆曲诞生于苏州，在明代甚为流行。清代苏州戏曲演出十分活跃，这也直接影响到了年画的题材和内容。清乾隆时期，戏曲选本《缀白裘》新集刊印发行，共收录昆曲四百三十出。此时苏州阊门外山塘街及城内桃花坞的年画店众多，早期桃花坞戏出年画的内容多出自《缀白裘》，以昆曲为主，文戏较多，少数为花部杂剧。清中期后，京剧渐兴，桃花坞年画逐渐由昆曲转向京剧，文戏渐少、武戏增多，更加贴近京剧演出的装扮，甚至还加入了对舞台实景的描绘。咸丰年间，山塘街的画店因太平军战火损失严重，大批年画及画版损毁无存，仅部分画店得以幸存，后逐渐发展兴盛，主要有王荣兴、窦彩芳、吴太元等。因此，今日所见桃花坞戏出年画，几乎都是咸丰以后的作品。

2. 知识链接介绍戏出年画的记录性功能

戏出年画的创作过程，极大程度上是对于戏曲演出实况的摹画，这一点在杨柳青戏出年画中体现得尤为明显。因此，展览特别设置"知识链接"部分，对杨柳青年画的制作流程，特别是第一个环节——戏园写生进行详细说明，向观众介绍戏出年画独具特色的记录性功能。

清代戏曲艺术的繁盛促使演剧场所——戏园的兴起如雨后春笋，清杨静亭《都门纪略·词场序》载："我朝开国伊始，都人尽尚高腔。延及乾隆年，六大名班。九门轮转，称极盛焉。"记录了当时京城戏班辗转于各大戏园演出的盛况。临近京城的天津，戏园亦逐渐增多。崔旭作于道光四年（1824）的《津门百咏》一诗有云："戏园七处赛京城，纨绔逢场各有情。若问儿家何处住，家家门外有堂名。"在此背景之下，一些财力雄厚的杨柳青画店，如齐健隆、戴廉增、忠兴等字号，为了推出时兴戏出画样招揽顾客，不惜出资请画师到戏园看戏写生。

据已故画师闫文华回忆，"杨柳青画店主人若请画师观戏作画，必先到戏园池座中坐在下场门的台下一边，为的是看清楚从上场门出来的角色全貌。画师入场之前，携带用柳木烧制的炭条或烧焦的香头和毛边纸，他们注视着演员的表情身段、举止动作、衣帽行头和武行把子等。每到戏中情节感人、表演精绝处，画师则立即拿起笔在纸上草草勾出所见的瞬间印象"[⑩]。散戏后，画师继而将草稿带回画店，进行丰富完善。有的画师还将演员的姓名列在角色旁边，例如《石秀算账》中潘巧云一角下书演员艺名"小桃"。

在摄影技术尚未普及的清代，年画师将戏台上的精彩瞬间凝聚于笔端，保留于画面，记录了剧中人物的衣着扮相、身段程式及场面砌末，对于戏曲艺术史的研究也发挥了极为重要的作用。

3. 展品说明再现戏出年画的教育性功能

年画的题材及使用场所直接决定其功能属性，例如门神、神码、家堂、灶君等题材具有典型的实用性、功能性和仪式性，过年祈福、祭祀时张贴，用以寄托来年风调雨顺、家宅平安的美好希冀。而戏出年画，除装饰性和艺术观赏性之外，更为重要的社会意义在于对惩恶扬善、忠孝节义、家庭和睦等传统道德观念的教育和传播。例如《二进宫》里的徐延昭、杨波忠君爱国、《金沙滩》中杨家一门誓死抗击外敌、《三娘教子》里王春娥坚贞爱子、苦尽甘来，戏中人的故事和精神世代口耳相传、流传后世。

为了更加生动形象地展现戏出年画的教育性功能，本次展览并没有采用以往包含名称、时代、产地、尺寸、材质等方面的基本信息式展品说明，而是将画中的创作背景、故事情节、欣赏角度等方面作为主要内容。例如潍坊杨家埠戏出年画《通天犀》（图七）的说明文字这样描述：

图七　潍坊杨家埠戏出年画《通天犀》

明朝，程老学家奴十一郎在白水滩误助官兵杀退青面虎许起英，不料反被官府陷害，招致杀身之祸，程老学亦被问罪发配。押解途中遇许起英之妹佩珠巡山，将程老学救回山寨。青面虎询问事情来由，知十一郎将被处决。他不记前仇，改扮下山，埋伏在万花楼酒店，劫法场救出十一郎。

画面中的青面虎一手掬翎子、一手持髯口，倒坐于椅上，一足朝天，面朝抱头坐地、一脸惊恐的程老学，仿佛在紧张盘问十一郎下落。左侧的佩珠双手掬翎子，亦做焦躁状。三人的坐立姿势不同，高低起伏有序，身段生动传神，观之令人紧张急切的情绪呼之欲出。

辞旧迎新之际，人们在家中贴上几张戏出年画，不仅其绚丽的色彩、精细的制作技法、充满灵动的画面令人啧啧称叹，大人还可将画中的故事讲给孩子们，传播知识、增广见闻，感受着戏中的喜怒哀乐、悲欢离合，将明是非、辨忠奸的伦理道义代代相传，感叹着"人生如戏，戏如人生"。戏出年画的宣传教育功能，在观众参观展览和阅读展品说明的过程中得到再现。

三、形式设计

现代博物馆的展陈设计，已不仅满足于对展览内容的准确阐释，还追求像对待艺术创作一样的态度，综合考虑多方面因素，营造一种和谐、舒适的观展氛围。博物馆的展览场馆、展示空间和展场的建筑设备设施等因素是展览形式设计的硬件，如何合理和巧妙地运用这些硬件，因地制宜，是形式设计过程中需要重视和思考的问题。

本次院藏年画的展览场地，是位于剧院一层西南侧的艺术沙龙展厅（图八）。该展厅与戏剧场入口相对，面积100平方米，外部分设独立的入口、出口，出入口两侧为固定的海报灯箱和展示橱窗。展厅内部造型规整，呈半圆形，无立柱遮挡，地面铺设地毯。展厅采用人工光源与自然光源相结合的方式，剧院南侧玻璃帷幕透

图八　艺术沙龙展厅外部环境

射的自然光对展厅采光给予适当补充。

根据展览内容,综合考虑展厅的内环境和与其他剧场、公共空间所构成的外环境,确定本次展览的形式设计理念:以"戏出年画"为核心,依据展览内容划分不同的展厅功能区域,制定清晰的观众参观路线;在整体色调上,一改以往烘托新年氛围的鲜艳浓烈色调,采用印刷戏出年画纸张的米黄褪色为主色调;遵循戏曲艺术"写意性"的特点,整体设计风格简约,选取少量画中的纹饰作为画面装饰,重点突出;设置观众互动环节,丰富观展形式,加深观众对于展览内容的理解。

(一)依据展览内容,有效划分功能区

根据展览大纲,本次展览内容主要包括两个部分:一是由单元说明和戏出年画作品组成的展览核心部分;二是以图文形式介绍年画制作流程和记录性功能的知识链接部分。两部分内容存在有机联系,但展示形式上又有所不同。因此,需要结合展厅的实际情况,对空间进行有效分隔,合理布局,使观众更加清晰准确地把握展览内容。根据艺术沙龙展厅的空间特点,采用搭建弧形展墙的方式,将展厅划分为前、后两个区域(图九、图一〇)。新建展墙与原有展墙的弧度相同,二者之间形成约3.5米宽的环形廊道空间,廊道左右两端尽头分别为展厅的入口及出口,以顺时针走向合理安排观众的参观路线和展览内容。新建展墙前部的半圆形空间,设置圆形展台,专门用于展示年画的制作流程和记录性功能的知识链接内容。

(二)提炼展品图像,创作展览主形象

新建弧形展墙的正面与展厅入口相对,发挥着大型展览中序幕的作用。通过提炼具有代表性、特色鲜明的展品图像,作为形式设计中的符号和标志,创作展览主形象(图一一)。综合考虑到不同地区戏出年画的特色,兼顾画中角色神态、动作的艺术性及所代表的戏曲行当,最终选取桃花坞年画《快活林》之蒋门神妻、凤翔年画《无底洞》之孙悟空、杨柳青年画《三岔口》之焦赞、杨家埠年画《忠心保国》之杨波、武强年画《天河配》之牛郎和朱仙镇年画《三娘教子》之

图九 展厅设计效果图

图一〇 展厅实景照片

图一一 展览主视觉形象

王春娥六位人物形象进行二次创作。画面内容简洁、概括,凝聚展览主题,激发观众的参观兴趣。

(三)合理规划展线,以展品为核心

对于展线规划和展品布局,策展人充分考虑到展线及展厅环境的特殊性,力求恰当处理单元说明与展品及展品组合之间的关系。单元说明置于新建弧形展墙背面,各单元展品则置于原有弧形展墙上,二者互相对应,既不会对展线造成破坏,又确保了较为整体、统一的视觉效果(图一二)。各单元的戏出年画展品,总体上按照故事发生的时代先后有序排列,同时,形成特定的展品组合以说明其表现形式和表现手法方面的艺术性特点。戏出年画是本次展览的主题和展示核心,因此,特别提出了在确保展品安全的前提下,弱化辅助展具带给观众的视觉印象、以突出展品为核心的理念。例如,在采用悬挂式展陈方式时,放弃传统有色木质画框而选取了无框式透明亚克力版装裱年画,原有的传统挂镜线也替换为透明鱼线,这样的展陈方式将观众的视觉重点集中在戏出年画本身。

(四)设计观众互动体验装置

在年画制作流程部分,为了使观众更直观、准确地了解年画制作过程中"套色"这一重要环节,展览一方面采用传统的图文结合的说明形式,另一方面,还创造性地专门设计一组观众互动体验装置(图一三)。

该装置依据院藏品《朱仙镇木版年画印制工艺流程图》创作,由整体框架、色版和灯箱三个部分组成。将年画制作过程中印刷线稿、再逐一套色黄、红、绿、蓝四色套版的五项步骤,立体式分层次地印制在每块透明亚克力版上,再按照套色顺序,准确无误地叠加在整体框架之中,最终形成一幅完整的画面。观众通过抽拉不同色版,可以看到不同套色版上所雕刻的内容,以及如何分步骤地完成套色过程,从而真正理解"套色"的含义。通过设计此项观众互动装置,帮助观众更为准确、深入、生动地完成知识解读的过程。观众在互动体验中,感悟中国传统套版印刷技艺对于年画艺术产生与发展的重要意义,及其对于中国民间传统工艺的极大贡献。

四、社会教育

美国进步主义教育理论代表人物约翰·杜威(John Dewey)提出"从做中学"(learning by doing)理论,明确指出"从做中学要比从听中学更是一种较好的方法"。"从做中学"是一种在经验中获得思维的方法,也就是"从经验中

图一二 展厅布局

图一三 观众互动体验装置设计效果图、实物照片

学",从经验中积累知识,学生运用自己的感觉器官亲自接触具体的事物,通过思考从感性认识上升到理性认识,从而形成亲自解决问题的能力。

教育是博物馆功能的一项重要组成部分,博物馆教育有别于课堂教育,没有规定的课程任务和学习进度,是一种以自我为导向,由自身兴趣、好奇、探索、操作、幻想、与社会互动而产生的学习动机,在参与的过程中强化体验、积累知识和培养能力,使外在的知识转变为内在的认知和自觉的行动[11]。"画中有戏"展览

图一四 "戏园观戏"情境体验环节

图一五 "画店印绘"情境体验环节

图一六 "画中有戏"手绘戏出年画知识图册内页

社教活动的策划,旨在探索一种在体验中自主学习的社教活动模式,延伸展厅的空间维度,围绕展览内容设置多重情境,引导观众参与到互动体验之中,由被动的知识灌输转变为主动的知识汲取,使得观众在自主学习和体验中获取新知。

社教活动的空间范围拓展至由展厅及戏剧场前厅所共同构成的具有浓厚戏曲氛围且更为开阔的公共空间。以杨柳青戏出年画为例,围绕戏出年画的产生过程,设置了"戏园观戏"和"画店印绘"两个情境区域(图一四、图一五)。在"戏园观戏"区域,高耸的抽象艺术装置"一桌二椅"极具视觉冲击力和代入感,台上京剧演员上演折子戏,台下观众通过速写或摄影的方式记录下精彩瞬间,形式虽有不同,却同样能够感受昔日年画师到戏园观戏写生的情境,更加深刻地认识到戏出年画"记录性"的社会功能。在"画店印绘"区域,模拟了画师将草稿带回画店,经反复修改定稿之后刻版印刷的状态,观众参与体验杨柳青年画套色印刷和手绘的环节,更加直观地了解年画的制作过程。与此同时,本次展览还面向小学生制作了"画中有戏"手绘戏出年画知识图册(图一六),注重知识性与趣味性相结合,引入互动内容,学生们在手绘戏出年画的过程中,学习年画及京剧的相关知识,感受"从做中学"的乐趣,受到学生们的喜爱。

五、结语

年画是中国历史悠久的民间传统美术形式,也是值得关注与传承的宝贵遗产。2006年,杨柳青、武强、桃花坞、杨家埠、漳州、绵竹等12个地区的木版年画技艺入选首批国家级非物质文化遗产名录。作为木版年画的重要组成部分,对于"戏出年画"的收藏、展示、研究,博物馆发挥着不可低估的重要作用。

通过对"画中有戏——国家大剧院藏

戏出木版年画展"策展与实施过程的解构和剖析，探索年画类展览的新角度、新模式；引入多学科、跨领域的知识和方法，在特定的历史背景、地理空间和文化语境下，深入探讨不同类型年画所蕴藏的深刻的艺术价值、社会价值，并运用合理化的展览语言得以充分展现，极大程度地为观众创造体验和学习的新途径，最终提升观众对于中国传统年画艺术的理解与认识，对民间年画制作技艺的保护与传承。

---

① 王宏钧：《中国博物馆学基础》，上海古籍出版社，2001年，第255页。

② 天津美术学院先后于2013、2014年举办的"义成永年画艺术文献展：实物、技艺与口述""'众神'的图像：天津美术学院美术馆藏内丘神码艺术展"，依托田野考察和研究积累，提供了年画类展览策划的新视角。

③⑥ 齐如山：《国剧艺术汇考》，辽宁教育出版社，2010年，第3页。

④ 王树村：《戏出年画》上册，北京大学出版社，2007年，第25页。

⑤ 廖奔、刘彦君：《中国戏曲发展史》第四卷，陕西教育出版社，2000年，第155页。

⑦ 杨连启：《戏出年画考述》，《华侨大学学报》2004年第4期。

⑧ 王树村：《杨柳青戏出年画画诀琐记》，《美术研究》1958年第4期、1959年第2期。

⑨ 王树村：《戏出年画》上册，北京大学出版社，2007年，第9页。

⑩ 王树村：《戏出年画》下册，北京大学出版社，2007年，第8页。

⑪ 杨秋：《杜威"从做中学"的理论内涵对我国博物馆教育的启示》，《科技传播》2011年第5期。

（作者单位：国家大剧院）

古建遗址类博物馆对流浪动物的管理

郝 黎

流浪动物是指那些被遗弃的或逃逸的动物，现代城市中的流浪动物以猫、狗为主。近年来，流浪动物在疾病传染、致人损害、环境卫生等方面引发的各种社会问题不断升级。据有关部门统计，北京每月到"狂犬病免疫预防门诊"就诊的人数近万人，其中大多是被流浪动物抓伤、咬伤。

古建遗址类博物馆多收留流浪动物，成为其栖息地。如何管理这些流浪动物？如果馆内流浪动物造成观众伤害，博物馆该如何处理？这是本文要探讨的话题。

虽然国外博物馆界有时把动物园也列入博物馆之列，但我国基本上没有。本文所探讨的古建遗址类博物馆也不包含动物园。因为动物园动物造成观众损害有别于一般博物馆。

古建遗址类博物馆不是管理动物的专业机构，因此在针对动物承担的管理职责方面不如动物园严格。

一、流浪动物对古建遗址类博物馆的益处

首先，动物可拉近观众与博物馆的距离。古建遗址类博物馆的建筑及营造的环境氛围久远，展览展示的文物久远，往往给人的感觉是遥不可及。当观众徜徉于古迹之间，看见小猫或者小狗在阳光之下慵懒地躺着，或四处嬉闹玩耍之时，冰冷的古迹瞬间有了生命的气息，有了温度（图一）。有爱猫人士以西安碑林博物馆的小黄猫为主题重新设计了碑林的LOGO（图

图一　恭王府内的流浪猫（摄影：任红）

图二　碑林博物馆动物LOGO设计

二），可见动物对密切博物馆与观众之间关系所起的积极润滑作用。

其次，动物可发挥天性，保护博物馆某方面平安。在很多古建类博物馆里都能看到猫或者狗：故宫博物院内有着上百只流浪猫，冬宫里也有猫，马未都先生开办的观复博物馆不仅收容了不少流浪猫，还任命了"猫馆长"，出版了相关书籍，作为宣传手段。由于经济发展，人们居住条件的改善，住房多由平房改为楼房，因而古建遗址类博物馆成了老鼠、黄鼠狼、刺猬等小动物的栖息地。防止老鼠对木结构古建筑带来危害是此类博物馆的一个保护

课题。故宫除了按照北京市的要求投放鼠药外,猫的存在本身对于老鼠就是震慑,对鼠患起到一定防治效果。狗作为人类忠实的朋友,可以充当安全卫士。因此,博物馆收留流浪猫狗,这些动物还能发挥自身的优势,充当动物员工,为博物馆作出应有的贡献。

二、流浪动物给博物馆带来的隐患

博物馆里的动物给游客造成伤害,主要原因有两方面:

第一,博物馆管理措施不到位。很多博物馆存在认识上的误区,认为流浪动物不是自己所喂养,自己不是所有权人,自己收留它们是献爱心、使小动物免于流离失所的善举。殊不知,流浪动物自从被博物馆收留后,由于员工自发喂养,或者单位从经费中支出相应开支,流浪动物此时的性质已经改变,博物馆不再是无因管理,而是承担起了饲养人的职责和义务。

饲养动物伤人需按《中华人民共和国侵权责任法》中相关规定处理。第七十八条:"饲养的动物造成他人损害的,动物饲养人或者管理人应当承担侵权责任,但能够证明损害是因被侵权人故意或者重大过失造成的,可以不承担或者减轻责任。"第七十九条:"违反管理规定,未对动物采取安全措施造成他人损害的,动物饲养人或者管理人应当承担侵权责任。"第八十条:"禁止饲养的烈性犬等危险动物造成他人损害的,动物饲养人或者管理人应当承担侵权责任。"第八十三条:"因第三人的过错致使动物造成他人损害的,被侵权人可以向动物饲养人或者管理人请求赔偿,也可以向第三人请求赔偿。动物饲养人或者管理人赔偿后,有权向第三人追偿。"

如何理解以上法律条款呢?首先,动物致害原则上实行无过错责任,饲养人或管理人要承担侵权责任,只有在证明受害人有故意或者重大过失的情况下,才可以减轻或免除责任,但饲养人未采取安全措施违反管理规定的,即使受害人有过错也不具备免责事由。其次,因第三人过错导致损害发生时,第三人的过错不能直接免除饲养人或管理人的赔偿责任,由受害人进行选择,受害人要求饲养人、管理人承担责任的,饲养人、管理人只能自己先行赔偿,对第三人的责任只能自己随后追偿。再次,区分普通动物和禁止饲养的危险动物,禁止饲养的危险动物造成的损害,不问过错,饲养人、管理人必须进行赔偿。因此,博物馆要谨慎选择馆内动物,禁止饲养的烈性犬等危险动物不能收留。最后,对动物园管理人实施过错推定原则,能够证明尽到管理职责的,不用承担责任。

还有一种情况,是流浪动物在博物馆或公园景区聚集,由热心居民或者以关爱流浪动物为宗旨的自发民间组织对其进行喂养照顾,比如颐和园里的流浪猫多由王姐照看,还给猫做绝育、打疫苗,同时给很多小猫做了专版,发布照片,介绍形态、性情,号召好心人认养。如果这样的猫给游客造成了伤害,该如何认定责任呢?如果游客没有过错,博物馆是否可以自己不是饲养人或管理人为由进行抗辩呢?《中华人民共和国侵权责任法》规定,宾馆、商场、银行、车站、娱乐场所等公共场所的管理人或者群众性活动的组织者,未尽到安全保障义务,造成他人损害的,应当承担侵权责任。安全保障义务是一种法定的义务,博物馆对游客的安全保障义务具有一定的尺度和范围,如果违反了安全保障义务的法定标准,应当承担相应的民事责任;反之,若经营者已尽到一个善良的理性管理人的注意义务,则不应承担民事责任。安全保障义务的过错判断应当采取客观标准,即经营者的行为是否达到了法律、法规、行业规程等所要求达到的注意程度,或是否达到了同类经营者所应达到的通常注意程度,或是否达到了一个诚实善良的经营者所应达到的注意程度。博物馆虽然没有亲自管理动物，但其允许或默认动物在其辖区内存在，作为公共场所的管理人，理应承担相应安全保障义务，应该在流浪动物经常出没的区域设置警示标志，并采取安全防范措施。

第二，游客自身的过错导致其受到伤害。如果成年游客戏弄动物甚至虐待动物、与动物拍照等过度骚扰行为而激发动物的伤人行为，游客是由于自身过错导致受伤，因而要承担相应责任。此外，就是未成年人由于不当行为而受到动物的侵害。未成年人由于年龄、智力因素所限，无法对动物致害有足够的认识。在我国，10周岁以下未成年人属于无民事行为能力人，其过错应由其监护人承担。《中华人民共和国民法通则》第十八条规定，监护人应当履行监护职责，保护被监护人的人身、财产及其他合法权益。监护人不履行监护职责或者侵害被监护人的合法权益的，应当承担责任。监护人的监护责任之一就是对被监护人的人身进行监护，防止其受到侵害。在监护人监护之下，被监护的无民事行为能力人受到自己的行为损害或者他人的行为侵害，就是监护人未尽到自己的监护责任。监护人的监管过失，可以作为减轻博物馆民事责任的依据。

2016年7月，在西安碑林博物馆发生孩子逗弄刚出生不久的小猫，被护崽心切的流浪母猫"小黄"抓伤，后来游客投诉的事件①。为避免发生类似事件，博物馆想要驱逐馆内所有流浪猫，引发流浪猫"是走是留"的讨论②。

有网友表示博物馆作为面向观众服务的机构，保证观众的安全才是最重要的，而各种流浪动物的存在对于观众始终是一个隐患。另有网友强调，博物馆作为传播知识、传播文化的场所，更要注重人文关怀，而"小黄"一家作为碑林的一大象征符号，已经成为了碑林博物馆一张不可或缺的名片。大家在关注猫的同时，也在反思，抓伤游客事件中，谁才是真正的

图三　碑林博物馆动物说明牌

过错方。最终博物馆还是留下了"小黄"一家，并对猫咪打疫苗、驱虫和绝育，同时在馆区及猫咪经常出没的地方张贴提示标语："博物馆内文物及猫咪请勿触摸""我们和文物一样只能看不能摸，爱碑林爱我们"等。（图三）

三、博物馆应该如何管理馆内的流浪动物

在管理流浪动物方面，故宫的做法值得借鉴。据新闻报道，故宫博物院全院32个部（处），有20多个收留流浪猫，由员工自愿喂养，被"收编"的流浪猫都有自己的名字。其实猫活动都是有区域的，它们很少去游客多的地方，也很少去其他区域。院容科负责联系动物医院，不定期给其打疫苗、做绝育，并且要求游客们不要打扰它们悠哉的生活。5年来，故宫为这些流浪猫做绝育设立了专门的账本，共花费18410元，以院容管理费用的名目支出③。目前故宫的流浪猫数量已经基本上控制住了。保洁每天早上8点上班开始全院巡视，一旦发现有猫的粪便会立即清除。总之，博物馆要尽到在合理范围内的安全保障义务。

应该如何防控博物馆里的小动物可能对游客带来的安全风险呢？博物馆应该加强管理，游客应该文明参观，除此之外，可以通过第三方的保险机制来为类似小动物伤人事件的赔偿保驾护航，比如在门票

费用中购买人身伤害险等等。

恭王府则为游客购买了意外伤害保险，游客在游览恭王府时一旦发生意外事故，保险公司将会按照有关条款及时给予意外伤害赔付，限额为每人2万元。博物馆出资为游客购买保险，使得双方不必为责任划分花费太多时间和精力，尽早解决问题，体现了公共文化服务机构的风险防范意识和服务意识。恭王府曾经发生过游客随行的10岁男孩被花园中一只猫划伤鼻梁处皮肤的意外事件，因该位置监控摄像头损坏，无法查明是男孩逗猫被猫所伤，还是猫主动攻击人，因而无法确定责任归属。由于恭王府为游客购买了意外伤害险，因此最终由保险支付了游客注射相关疫苗的费用。

四、结语

博物馆既然收留了流浪动物，就应该对其负责，尽到饲养人或管理人的管理职责，对游客要尽到足够的安全保障义务。同样，观众应该文明参观，爱护博物馆里的文物及小动物。尤其是家长要尽到监管责任，管好未成年子女。购买意外伤害险对游客、对博物馆来说，都不失为一种明智的选择。博物馆要管控馆内流浪动物带来的风险，兴利除弊，使小动物与博物馆、与游客和谐相处。

------

①《孩子逗猫被抓伤家长投诉　博物馆将驱逐所有流浪猫》，http://news.sohu.com/20160724/n460769789.shtml。

②《博物馆是否该留"流浪猫"　一只小黄引各方热议》，http://news.k618.cn/roll/201607/t20160726_8315168.html。

③《北京故宫收留百余流浪猫　管吃有名有记号》，http://news.sina.com.cn/s/p/2014-02-24/222429552804.shtml。

（作者单位：文化部恭王府博物馆）

从华侨文物看华侨华人在"一带一路"建设中所起的作用

——以中国华侨历史博物馆馆藏为例

刘 慧

近年来,习近平主席提出"一带一路"倡议,旨在积极发展与沿线国家的经济合作伙伴关系,共同打造政治互信、经济融合、文化包容的利益共同体、命运共同体和责任共同体。中国国务院发展研究中心林明华表示:"一带一路是和平之路,它是平等的,不以大欺小,不以强欺弱……任何国家都可以参与其中;而且它还有历史传承、开放包容、虚实结合、陆海统筹、东西互济、经贸先行、设施联通、市场作用、大国责任、中外共赢等深刻内涵。"①

华侨华人作为连接祖籍国与所在国的桥梁和纽带,是中国与沿线国家或地区合作建设"一带一路"的重要中介者、推动者和参与者。他们可以在政治、经济、文化层面发挥重要作用,有助于"一带一路"在沿线国家和地区落地生根。

关于华侨华人与"一带一路"建设相关联的学术研究,主要有陈琼渊和黄日涵共同编著的《搭桥引路:华侨华人与"一带一路"》,该书针对一带一路沿线的各个国家,采取列国志的形式,简要介绍各国的地理、历史、人文、经济与政治环境等,重点介绍华侨华人在各国的境遇及发展情况,强调在"一带一路"建设大背景下,华侨华人在双边往来中重要的桥梁纽带作用,并指出中国与华侨华人所在国发展双边关系时应该注意的问题,具有一定的现实意义。还有李其荣主编的《协同发展:华侨华人与"长江经济带""一带一路"》,全书响应"一带一路"倡议,梳理长江经济带11个省市的侨务资源,探究新形势下海外华人社团的变化和特点,有利于更好地推进长江沿岸的侨务工作,促进长江经济带整体建设的全面发展,助力长江经济带沿线省市协同发展的侨务资源及其优势。除此之外,贾益民主编的《华侨华人研究报告(2016)》一书中设有"一带一路"专题,专门探讨了"一带一路"建设中华侨华人的作用及他们可能面临的难题。

本文主要在梳理华侨华人参与"一带一路"独特优势的基础上,从馆藏文物的角度佐证与分析华侨华人可在"一带一路"建设中起到的积极作用,并在文末提出初步建议。

一、华侨华人参与"一带一路"建设的独特优势

"一带一路"发端于中国,连接了东南亚、中亚、南亚、西亚乃至欧洲部分区域,所囊括国家达65个,东衔亚太经济圈,西连欧洲经济圈,具有广阔的发展前景和巨大的经济生命力。"一带一路"规划的落实和实施,需要动员各种积极力量,而人数众多、经济实力雄厚的华侨华

人是其中不可忽视的重要力量之一，具有不可替代的优势，可以发挥独特的作用。

（一）人数众多，组织健全

据不完全统计，在全世界6000多万华侨华人中，有近4000万分布在"一带一路"沿线国家和地区。亚洲是华侨华人传统聚居区，其中东南亚约有华侨华人3000万人[②]。"一带一路"沿线国家和地区恰好是侨胞最主要的聚居区，这些海外华侨华人活跃于住在国的政治、经济、文化、社会等各个领域，影响力日益凸显。同样，华侨华人社团数量庞大，种类繁多，功能齐全，呈现出多元化、有序化、本地化和国际化等特点。这些社团不但是华侨华人社会的基础，担负传承华人文化、华文教育和维护华社公共利益的职责，而且在增强住在国与中国的交流与合作、促进两国的经贸发展、推动两国人民的友好关系等方面发挥着积极作用。

（二）资金雄厚，人才智库

海外华侨华人发扬了中华民族吃苦耐劳、艰苦创业、勤俭节约的传统美德，善于抓住各种商机，为自己赢得了应有的经济地位。他们的整体形象由"三刀"（菜刀、剪刀和剃刀）逐渐向"三师"（工程师、医师、会计师）和"三家"（科学家、企业家、发明家）转变。据估算，目前全球华商资本约4万亿美元，主要分布在"一带一路"沿线国家和地区，其中亚洲华商占70%以上[③]。不断增加的高素质人才，加上华商所具备的雄厚实力，让他们既可以积极承接"一带一路"合作项目，又能够为中国企业走出去牵线搭桥，促进中国同住在国经济的深度融合。

（三）华文媒体影响广泛

海外华文媒体主要包括华文报纸、华文期刊、华文网络、华文电视等。这些华文媒体不但是华侨华人了解中国的主要渠道，而且成为当地社会对中国认知的重要信息来源。2015年是海外华文媒体诞生200周年。20世纪90年代以来，海外华文媒体加快走出"华人圈"，广泛辐射当地主流社会，成为国际舆论界不可忽视的一支重要力量。

（四）华文教育传播文化

华文教育的对象主要是海外华裔新生代，主要载体是华侨华人创办管理的华文学校。目前全世界已有华文学校近2万所，数百万学生在校接受华文教育，海外华文学校教师达数十万。由于华文学校早已融入当地社会，有的甚至已经被纳入了住在国国民教育体系，因而，华文教育不仅能增进华裔青少年对中国历史、文化和现状的了解，更能增强对中华文化的认同，对于促进"一带一路"沿线地区民心相通和文明交融，有着很好的助力作用。

二、从华侨文物看华侨华人在推进"一带一路"建设中的独特作用

"一带一路"构想的提出，为中国博物馆界提供了整合资源的良好契机，博物馆文物资源的实物性为"一带一路"文化建设提供有力载体，为增进各国人民相互了解、共生共荣、共建精神家园、促进人类文明的进步提供了丰富的内容支撑，从而促进了"一带一路"沿线地区的民心相通和文明交融。华侨华人把中华文化带到了不同国度、不同政治法律制度、不同民族文化习俗的生活环境，经历了从排斥到接纳、从冲突到融合的艰苦过程，在保持中华文化基本特征的同时，吸纳合理的文化元素，形成了许多具有多元文化特征的华侨历史文化遗产，在推进"一带一路"建设中发挥着独特作用。

本文所指的华侨文物，主要是反映华侨历史文化发展脉络、传承、变异的载体，是华侨华人这一特殊群体在各个历史时期参与海内外生产、生活等活动所遗留下来的历史文化遗存，主要产生于华侨在海外生存、创业、发展及回国参与革命和国家建设、回馈乡梓的过程，反映了一定时期内华侨的生存模式、文化传承、中华

传统文化与当地文化在意识形态层面上的碰撞和交融等各个方面的状况，蕴含自身独特的内涵和鲜明的特色。华侨文物与一般现代文物最大的区别，主要指华侨文物所具有的国际性和多元文化元素特征等方面，分布范围广，社会存量大，内容丰富，形态多样。

（一）从一把佩剑看华侨华人在"一带一路"建设中的政治作用

遍布世界各地的华侨华人，了解中国和住在国的政治和社会情况，能够熟练地游刃于中外文化之间，并深知国外公共舆论的运作规则，能够充分发挥自身优势，通过媒体、社团等各种途径，促进中国与世界各国的相互了解，准确塑造和维护中国国家形象。华侨华人既了解中国国情，又熟悉住在国国情和社会经济形势，与当地社会有着千丝万缕的关系，所以可以借助他们及其开设的媒体，宣讲"一带一路"构想之意义、互利性、光辉前景等，加强相关国家和地区对中国"新丝绸之路"建设倡议的认同与支持。

中国华侨历史博物馆收藏一把佩剑，是19世纪50至60年代海峡殖民当局以英国王室的名义授予新加坡华人陈金声先生的（图一），以表彰他对当地所做出的巨大贡献。陈金声（1805—1864），祖籍福建永春，出生于马六甲，幼年在华文私塾接受教育。1842年移居新加坡创建金声公司，后来在马六甲和上海建立分公司。1844年，他被大英帝国海峡殖民当局委任为五名华人陪审员之一。陈金声先生致力于教育事业，是早期的新加坡华文学塾——天福宫"崇文阁"及"翠英书院"的主要捐款者兼创办人，此外，对陈笃生医院也给予了很大的协助。1857年担任税务局秘书，为解决新加坡人民使用淡水问题，陈金声先生提议并捐款修建新加坡最早的自来水蓄水池，蓄水池在他逝世后建成。1882年，殖民当局建立塑像和喷水池，以纪念他的功绩。除此之外，在马六甲和新加坡，以陈金声命名的公共设施有金声桥、陈金声喷泉、陈金声区及陈金声路等。长久以来，若有公共设施以人名命名，该人物必须具有一定的威望和贡献才能够获得这样的荣耀。

从新加坡华人陈金声先生对当地所做贡献可以看出，老一辈的华侨华人积极投身当地社会，竭力创造经济财富，同时，他们心系华社，积极改善当地人民的社会福利，提升华人整体生活水平。不仅如此，正如陈金声屡次协助英殖民政府协调新加坡地方上的纠纷与社会服务问题一样，他们积极参与当地政治，解决实际问题，维护住在国的国家利益，赢得更广泛的赞誉，同时也促进了祖籍国与住在国的良好互动。

（二）从一份公司注册资料看华侨华人在"一带一路"建设中的经济作用

海外华侨华人拥有巨大的人才资源、资本优势和较为成熟的商业网络，一定程度上推动了本地的经济结构转型和经济现代化进程，也为中国经济发展继续招商引资，提高中国企业的管理水平和国际商

图一　英王室颁赐陈金声的佩剑

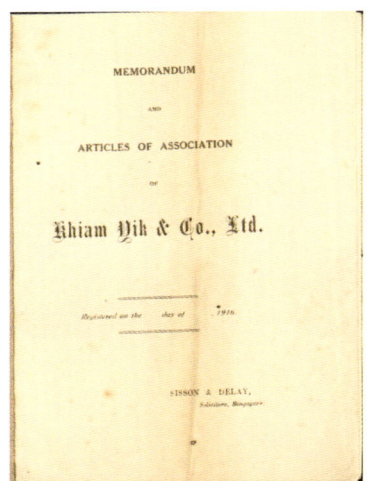

图二　谦益公司注册资料

务水平，同时助推中国企业实现国际化发展。

中国华侨历史博物馆收藏有一份珍贵的谦益公司注册资料，用英文书写，注册的时间是1916年10月，注册人是著名华侨领袖陈嘉庚（原名陈甲庚）和他的弟弟陈敬贤。陈嘉庚的父亲是新加坡华侨，在新加坡开了一家顺安号米店，后由于经营不善，资不抵债。陈嘉庚决定与弟弟陈敬贤一起开始重新创业。1905年，陈嘉庚创办了菠萝罐头厂制作菠萝罐头兼煮冰糖，1906年又开办了一家经营批发业的谦益米店，"谦益"成为陈嘉庚企业中最早的商号名称。1916年，陈嘉庚和弟弟陈敬贤以"谦益"为名字共同注册了谦益橡胶公司，随着事业的发展，谦益公司成为陈嘉庚公司中的核心企业。陈嘉庚不仅种植橡胶，还创办了橡胶厂和橡胶制品厂，扩大了橡胶的用途，在全球建立了销售网络。到1925年，陈嘉庚的公司拥有13个生熟橡胶车间、3万多工人，在全球的40个国家和地区建立了80家分店、100多家代理商，形成了产销一体化的销售网络，成为当时新加坡最大的企业之一。图二中陈甲（嘉）庚和陈敬贤签名的1916年谦益公司注册资料，正是陈嘉庚将菠萝罐头厂与米厂改作"谦益"橡胶厂，实现橡胶经营从单一的农业垦植到工业制造的飞跃的有力物证，弥足珍贵。

不管是老一辈的华侨华人还是新一代的侨商，经过在侨居国数年的艰苦奋斗，积极融入当地的生产生活，积累了一定的资本，形成了渐趋发达的华商网络，他们"可以借'一带一路'建设开展互联互通的项目，在铁路、公路、航运物流、油气管道、通信，以及港口、工业园、开发区建设，海上合作等方面，实现互利共赢。华商不仅可以扮演联络者的角色，也可以成为合作方，在经济合作中发挥重要作用"④。除此之外，华侨华人为中国经济发展招商引资，对提升中国的产业结构、提高中国企业的管理水平和国际商务水平也起到了至关重要的作用。随着"一带一路"倡议的落实，越来越多的中国企业谋求到海外发展，在这个过程中华侨华人充分发挥他们的优势，助推中国企业"走出去"并最终实现中国企业的国际化。

（三）从峇峇娘惹服饰看华侨华人在"一带一路"建设中的文化作用

"一带一路"沿线国家国情复杂，文化多样，不同的宗教、民族、历史和文化并存，既展现了人类文化的多样性，同时也存在一些矛盾和冲突。华侨华人具有自身的优势，不仅熟悉中外文化，而且是侨居国的重要知识群体之一，在"一带一路"建设中能积极搭建人文交流网，推动彼此深入了解，倡导文化共同体的建立。

华侨长期生活在海外，他们在与当地居民相互交流融合的过程中，形成了兼具当地文化元素和中国传统文化元素的特殊文化。峇峇娘惹就是表现东南亚华人与当地民族交流融合的典型范例。峇峇娘惹，也称土生华人，是15世纪初期定居在满剌伽（马六甲）、满者伯夷国（印度尼西亚）和室利佛逝国（新加坡）一带的明朝人后裔。他们是中国古代移民和东南亚土著马来人结婚后所生的后代，大部分人的原籍是福建或广东潮汕地区，男性称峇峇，女性称娘惹。娘惹服饰最能展示华人与当地文化融合美感的精髓，是娘惹文化的代表之一。娘惹服装多为轻纱，非常典型的热带风情，在马来传统服装的基础上，改成西洋风格的低胸衬肩，再加上中国传统的花边修饰，显得格外精致。其服装颜色，不仅有中国传统的大红及粉红，还有马来人的吉祥色——土耳其绿，服装上点缀装饰的图案，则是中国传统的花鸟鱼虫、龙凤呈祥。中国华侨历史博物馆收藏的这件东南亚华人娘惹服饰（图三），说明了海外华人在保留中国文化传统的同时，也在与当地文化的冲突碰撞中不断地融合，促进了世界多元文化的交流与发展。

三、中国华侨历史博物馆在"一带一路"文化交流中发挥作用的建议

华侨华人能充分发挥其人数众多、组织健全、资金雄厚、华文媒体及华文教育的影响和推广等优势，从政治、经济和文化等层面在"一带一路"建设中可发挥重要作用，建议充分发挥侨务部门的窗口平台作用，切实用好侨务资源，加快"一带一路"规划落地生根、开花结果。

华侨华人是中华优秀传统文化的忠实传承者和弘扬者，是中华文化"走出去"的特殊力量，也是中华文化国际化大发展的重要力量。海外华人社会既是中华文化的继承基地，也是当地社会和国际社会了解中华文化的重要窗口。中华文化"走出去"过程中，可以借助华文学校、华人社团、华文媒体、有影响力的中国方言等载体，开展多层次、多场合、多渠道的各类文化活动，讲好中国故事，传播好中国声音，并根据反馈信息及时调整并不断完善所传播的文化内容和文化形式，真正为相关国家的大众所接受，增强中华文化的生命力与认可度，提升中国软实力。与此同时，华侨华人也可以向中国介绍和引进住在国的优秀文化和独特文化，让中华文化更好吸收和借鉴，共同致力于文化共同体的建立，推动彼此交流与合作。

图三　娘惹新娘嫁衣

而博物馆作为"一带一路"文化建设的有力载体,其拥有的文物资源对促进"一带一路"沿线地区民心相通和文明交融有着不可替代的积极作用。以中国华侨历史博物馆为例,收藏华侨华人社会的历史文物、展示华侨华人社会的产生与发展,针对华侨的特点开展文化交流,是中国华侨历史博物馆的基本功能,服务国家、服务侨胞、服务社会是中国华侨历史博物馆的中心工作。其常设的基本展览主要是反映海外华侨忍辱负重的移民史、艰苦奋斗的创业史、聪明智慧的成就史、爱国爱乡的贡献史、堪称"模范"的融合史,以及以华侨华人为桥梁和纽带的中外交流史等主要内容,其陈列主题主要是华侨华人的历史脉络、华侨华人与世界、华侨华人与中国及中国特色的侨务工作这四个方面。除了打造独具特色的常设展览外,中国华侨历史博物馆每年都会举办十余场与华侨华人有关的临时展览,加上每个月定期举行的公益讲座等内容,重点展示海外侨胞住在国文化和对住在国的贡献,使观众能够充分领略各国文化的不同风情和独特魅力,同时鼓励和引导广大归侨侨眷和海外侨胞以丰富的文化交流来体验对社会公益事业作出的贡献,让更多的中国人了解世界、认识世界,也使世界各国人民更好地了解中国、认识中国。

华侨华人作为中国独特的资源,因自身具备的各种优势,在"一带一路"建设中可发挥纽带和桥梁作用,从政治、经济和文化等层面推动"一带一路"建设,在"政策沟通、设施联通、贸易畅通、资金融通、民心相通"方面发挥重要作用。如何充分利用博物馆拥有的文化资源,促进民心相通和文明交融,是非常值得关注的问题。而分布在海外和国内的华侨博物馆,具有对华侨历史文物、文献资料进行保存、研究、展示的功能,能有效彰显华侨的功绩,弘扬华侨的文化和精神,推动中外文化的传播交流,更能让住在国政府和人民通过历史,客观公正地去看待华侨华人,形成华侨华人生存发展的良好人文和社会环境,进而为传播中华文化、实施文化强国战略作出独特的贡献。

----

① 林明华:《"一带一路"的机遇与挑战》,《星洲日报》2015年5月25日第9版。

② 蔡建国:《华人华侨与"一带一路"战略》,《文汇报》2015年3月13日第3版。

③ 中国新闻网:《李肇星:海外华商在"一带一路"战略中有建设性作用》,2014年6月7日,http://www.chinanews.com/gn/2014-06-07/6255427.shtml。

④ 侨报网:《侨报专访何亚非:"一带一路"孕育无限商机》,2015年4月19日,http://news.uschinapress.com/2015/0419/1020014.shtml。

(作者单位:中国华侨历史博物馆)

基于OA平台的故宫博物院图书馆
文物信息检索服务研究

——以故宫博物院藏雕版文物为例

周 莎

一、数据化办公的应用

进入21世纪，随着计算机应用的普及，数据库技术应用到我们生活的各个领域。很多单位或公司的日常工作以电子计算机技术辅助着繁忙的工作任务，从而减轻了工作压力。因为很多工作都需要用计算机软件进行管理，应运而生了办公系统的数据化应用。OA系统是办公自动化系统（Office Automation System）的简称，这一系统经过十余年的拓展与普及，已广泛地应用到了人们的工作当中。另一方面，随着OA应用内容的不断扩展，OA技术也在不断发展，从过去的BASIC+文件系统到VB+ACCESS、DELPHI+ORACLE、PHP+MySQL、JAVA+MySQL，基本形成了三大主流技术。OA系统还将业务流程与审批流程真正地做到了办公自动化，它会根据需求及变化的流程促成办公自动化平台的应用。

随着现代科学技术水平的发展，博物馆文物信息数据化技术已进入全国各大博物馆与文博单位。故宫作为第一批全国重点文物保护单位，在文物信息检索数据化方面，故宫博物院理应走在全国文博机构的前列。社会主义的根本任务是解放生产力和发展生产力，数据化应用正与其相合。一是数据化的实现可以使所藏文物的账目明确，这是"摸清家底"的关键所在。二是图像数据化可以减轻提取文物的不便。故宫博物院藏有180余万件文物，按其类别分，有陶瓷、织绣、书画、青铜、石刻、造像、漆器、古籍、雕版等。这些文物大小不一，材质各异，有的体积庞大的文物，进行研究时不便于提看，图像数据解决了观摩文物不便的问题。三是数据化应用，让文物更好地得到了"休息"。从某种程度上说，世间万物都是有寿命的，每一件文物亦是如此。我们不能保证某件文物永久地留存，但我们应尽可能地延长它的寿命，减少文物的磨损。利用图像，可减少观摩、接触的次数，这便是行之有效的减少文物磨损的办法之一。

从中国图书的发展史来看，任何一种介质的存在都有其特定的发展演变进程，雕版作为这一传播方式的介质与载体，尤其是在清代"稽古右文"的倡导下，促进了文化的发展。内府雕版是中国特有的古籍文化遗产，包含了十分丰富的历史信息。和其他文物一样，内府雕版的保护、整理和利用也是一项综合性工程。

在故宫博物院藏品管理的信息化实践过程中，以雕版文物信息数字化采集为基础，为藏品管理工作提供了新的管理形式。以下，笔者以故宫博物院藏雕版文物数据系统为例，略述其使用功能，以期求教于大方之家。

博物馆研究

二、故宫雕版文物的数据化使用

故宫博物院现有244153件雕版文物藏品，这些雕版文物藏品是博物馆学研究的重要对象。如何促使藏品长久保存、合理利用，是当代文博人应思考的问题。在办公自动化的实现过程中，数据和信息是主要条件。所谓信息（information），是指客观事物存在方式和运动状态的反映。它所反映的是关于某一客观系统中某一事物的某一方面在某一时刻的表现形式。所谓数据（data），是指客观事物存在方式和运动状态反映的记录，是信息的载体。由于对客观事物存在方式和运动状态所反映的记录是用一定的符号来表达的，因此，数据就是信息的具体表现形式。

雕版文物的检索与查找是OA平台文物信息管理系统的核心。作为雕版文物的信息，则包含了文物号、文物名称、收藏位置、拨出地点等。其中，文物号子类下面分为类别、参考号、藏品分类、管理科组、文物号、提用情况等。文物名称子类下面分为类别、管理科组、藏品分类、提用情况、文物名称等。组合信息栏目是以关键词的形式，来查到文物位置、文物号等信息的栏目。收藏位置则是已知某一库房地点，搜索库房中所放藏品的具体情况。

若需要查找某一文物，最便捷的方式，是在OA平台上的文物管理系统中输入关键词。常用的方法是输入文物名称。以《大藏经》之《大般若经》为例，首先，打开OA平台的文物管理信息系统，选择"文物名称"栏目。其次，在文物名称处输入"*大般若*"①。若能进一步了解到雕版文物所在的管理科组，还可以选择"善本特藏二组"，这种组合检索的方法可以将所查的文物信息缩小范围，即排除了古籍类、器物类等诸多相关文物，使要

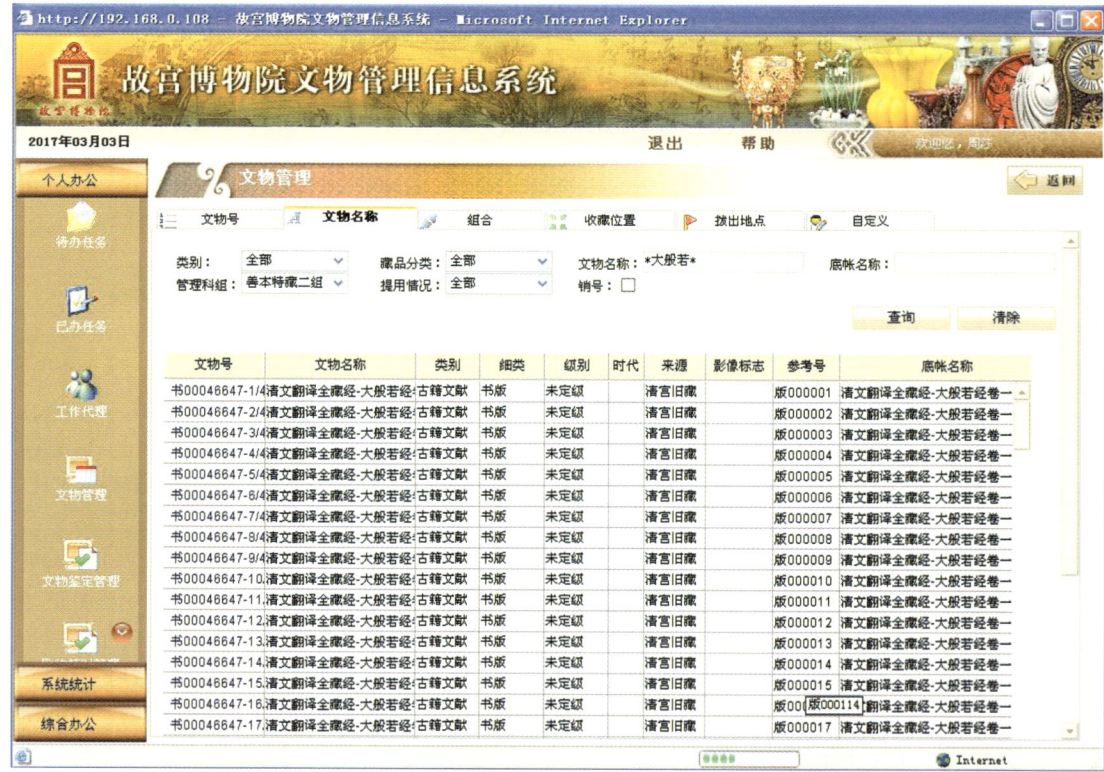

图一　以"文物名称"和"管理科组"组合检索出的内容

查的文物信息更加精确（图一）。

若不知道文物的名称和收藏位置，只知道管理科组，那么所查文物的信息量就要大很多。在文物管理信息系统中，找到"文物名称"栏目，在"管理科组"处选择"善本特藏二组"，这样，检索出的文物信息为上述科组负责的全部文物（图二）。研究人员需要根据检索信息进行手动筛选与查找，这种检索的好处是可以了解到所有雕版文物的信息，但工作量相对较大，对于初涉此领域的同仁们来说，是要了解的。

如果要对上述检索内容中的某一文物进行全面了解，可以直接点击这一文物名称。然后，将出现"文物全信息"的数据记录。它的文物信息包括：文物号、参考号、底账名称、文物名称、文物数量、计量单位、计件描述、类别（内容类别、级别、质地）、著者项（作者姓名、作者时代、著作方式、卷端下题、附注）、版本项（时代、主持者、刻书处、版本类型）、序跋与批校、开本尺寸、版框尺寸、印记、版面特征、附件、来源、经办人、入藏时间、账册编号、管理科组、是否在库、不在库原因、销号标志、销账凭证、著录文献、客观描述、流传经过、伤况信息（伤况记录、伤况原因、记录人、记录日期）、鉴定信息（鉴定意见、鉴定备注、现场记录人、鉴定人、鉴定日期）、验库信息（验库记录、验库人、验库时间）、账物核对信息（账物核对记录、账物核对人、账物核对时间）、提用信息（任务名称、提用原因、提用单位、提用时间）、备注共计三十四项门类的文物信息，以及底账录入员、底账录入时间、底账审核员、底账审核时间、编目录入员、编目录入时间、编目审核员、编目审核时间八项账目责任者信息。此信息是这一文物目前可实现的精确文物记录。

文物号码检索应用法是最精确的检

图二　以"管理科组"检索出的内容

索方式。如果已知某件文物的准确文物冠号,那么只需要输入号码,所查文物便被很快地检索出来(图三)。

故宫博物院院藏的雕版文物,现今除了已实现数据化网络检索平台,还基于OA平台实现了影像数据化的工作。当研究人员需要查询某一雕版文物数字影像时,可通过此平台在OA系统上进行查看,必要的时候还可以申请下载图片。既方便了相关研究人员的利用,也有效地保护了文物。

例如,查找与《甘珠尔》相关的文物影像时,利用OA平台中的影像系统便很容易获得所需资源。首先,登录影像利用系统的界面,会看到三个栏目的内容:文物号、影像名称、文物号②。这三项中第一栏中的绝对值范围可以修改为等于或包含;第二行若知道所查文物的细节,可同时输入;第三行栏目则更加精确,若知晓文物号可直接输入。以上这三栏知晓其一均可查找,知晓的信息越全面,则检索出来的照片范围越小。换句话说,知晓一栏信息者可称之为"模糊查找",知晓两栏信息者可称之为"仔细查找",知晓三栏信息者可称之为"精确查找"。

图四便是"模糊查找"后显示出的结果,我们可以从系统中看到与《甘珠尔经》相关的文物照片。其中,有成品类文物,有印刷品类文物,还有雕版类文物。研究人员若是需要提看图片,只要点选上面的图片即可。我们看到的影像数据库显示了该文物的信息包括:小影像、影像名称、光盘卷标、影像文件名、拍摄内容、拍摄时间、摄影者、内容描述及项目名称。上述信息可为进一步工作研究提供方便,研究人员在诸上内容中,若需要对图片的某一特征进行精确的研究,还可以点选"利用该影像"。这样,研究者可以利用申请影像的方法,填写申请影像单。申请后的影像会比目前在OA平台上看到的图片要清晰,至于图片的大小,按研究人员

图三 以"文物号"检索出的内容

基于OA平台的故宫博物院图书馆文物信息检索服务研究

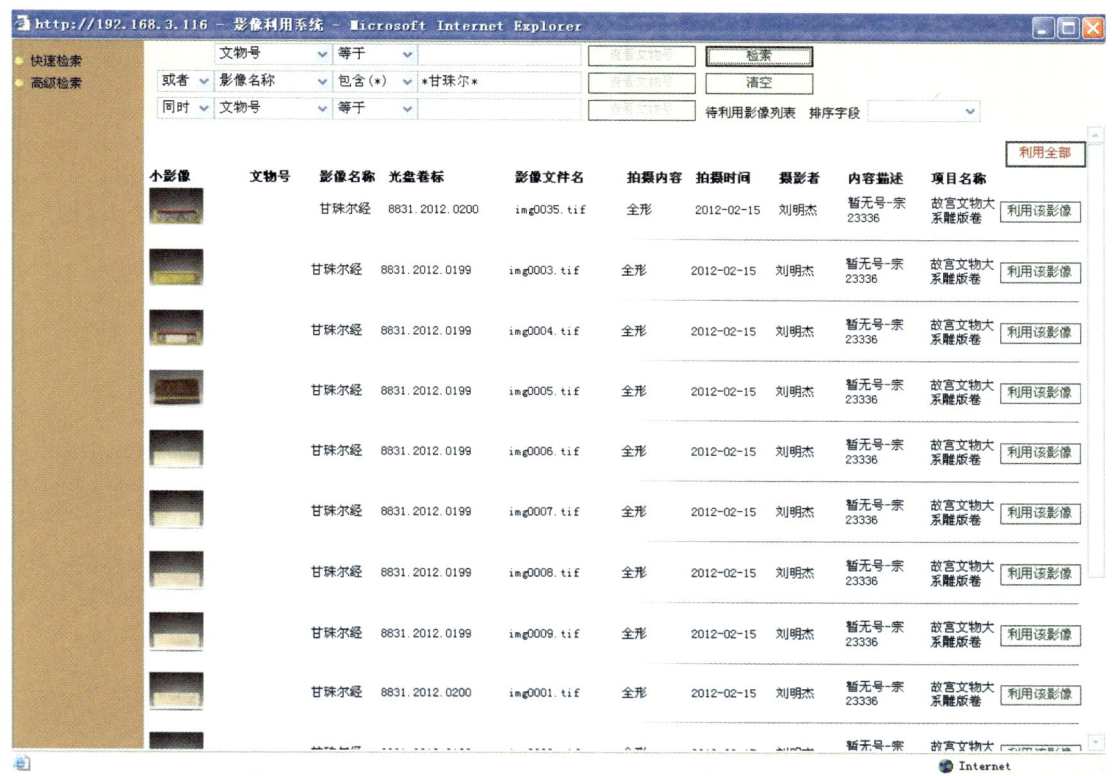

图四 以"影像名称"检索出的内容

所填写的需求，即可获得原文件的大图。

如上所述，故宫博物院的文物信息检索系统与其他保管有雕版文物的单位比较来看，可以说走在全国博物馆、图书馆系统的前列。中国国家图书馆是中国第一大图书馆，里面的藏书不计其数。但是，很少有人知道，中国国家图书馆还藏有大量的雕版文物。这些雕版文物的提看，通常只能靠国图布置的各种展览来实现，有时，雕版文物会在某个展览出现一小部分，展出的数量也是凤毛麟角。

雕版文物有大部分是来源于书籍刊刻的刻版。故而全国很多文物单位将大量雕版文物划分在了各省的图书馆，另外，一些寺院曾经也刊刻过很多佛经，这些经版大都还保存在寺院之中。对于书籍的刻版，在中国国家图书馆的网站页面目前的搜索平台上，并不能找到馆藏雕版文物的信息。笔者打开"中国古籍资源库"链接页面，里面只可查到古籍名目，雕版书籍的刻版名目目前还不能查询。

当前，中国国家图书馆所藏的雕版文物还属于"闭架"状态，这就给全国相关的研究工作者带来了不便。此外，不仅国家图书馆藏有雕版文物，比较著名的还有雍和宫也藏有大量雕版文物。雍和宫所藏的雕版文物主要以佛经经版为主，目前在雍和宫网站上也无法对这些经版进行查询与利用。

故宫博物院的OA系统，于2010年以后陆续开始应用，在此之前还未进行雕版文物数据的信息化工作。举办展览时，查找、提取及研究使用起来很不方便。鉴于这些不便，故宫博物院进行信息系统的全面革新后，院藏雕版文物数据已全部完成信息化工作，并导入OA平台，方便了对每一件文物的调用。相对于国家图书馆及雍和宫等多家藏版单位来说，故宫博物院OA系统的雕版文物数据库为相关机构提供了可参考的样板。

三、结语

除了将雕版文物实现了数据化的功能，故宫博物院图书馆藏雕版文物组在以往也做了大量的工作。

首先，诸如对现存雕版文物的补版、补刻工作。通过整理故宫博物院院藏雕版，有了一些新的发现。第一种情况，发现原来著录中已经毁掉的版片，现今通过整理后又重新发现其存在。第二种情况，发现纸质品已经不存于世，但其所刻的雕版犹存。同时，我们在雕版整理的过程中，还发现了崇德八年（1643）的《蒙古律》、康熙十四年（1675）的《蒙古律》及《皇父摄政王军令》等雕版实物。这些档案只记载于《清实录》当中，在其他文献中并未有过著录和记载，甚至纸制品也已经不存于世了。第三种情况，发现图书和雕版都现存于世。比如：北京国子监（简称北监）刊刻的《二十一史》《十三经注疏》等，其中部分版片为明万历十四年（1586）刊刻，雕版一直存于宫中，康熙时期散佚。在整理过程中，我们还发现这批明代国子监刊刻的《二十一史》和《十三经注疏》全部被划为乾隆朝殿版，即乾隆二十年（1755）刊刻的《二十四史》中。在古籍版本学界，仅就上述发现而言，对于考证版本之优劣是十分重要的线索。

其次，雕版文物的数据化，可以为研究人员提供便利。研究人员可以在不提取文物本体的情况下，通过调用OA系统平台内的数据影像，对某一件雕版文物进行直接且直观的了解。故宫博物院图书馆所藏的每一件雕版文物，现在都正在做数据影像库采集。所采集的图片，由专门负责数据库资源的部门进行整合，再将这些图片影像放在OA系统中。例如目前正在做的《楞严经》的数据采集工作，对于每一块雕版而言，都是拍摄七个影像。《楞严经》经版正、反两面都刻有文字，每块经版有藏、满、蒙、汉四体文字。前面所提及的七个影像，即正、反两面带文字的各拍摄一张；其余四个版框边各拍摄一张；最后再拍摄一张全景特写，共计七张影像。另外，对于经版文物上的重要信息，还会增加采集拍摄局部的特写（图五）。简而言之，目前故宫博物院现藏的24万余件雕版文物，每一件都有如此详细的记录，方便了研究人员的利用，同时，也促进了相关领域研究人员的交流，并为学术研究提供先进的影像支撑。

以上数据化的进程，为文物管理带来了便利。在以往的工作中，每一件文物上都雕有一件文物版号。版号为专门制作的号码，除了以阿拉伯数字编号外，每一件文物版号上还配有条形码。通过扫描此条形码，便可以知道文物的基本信息、放置位置、缺损伤况、提取与利用情况等信

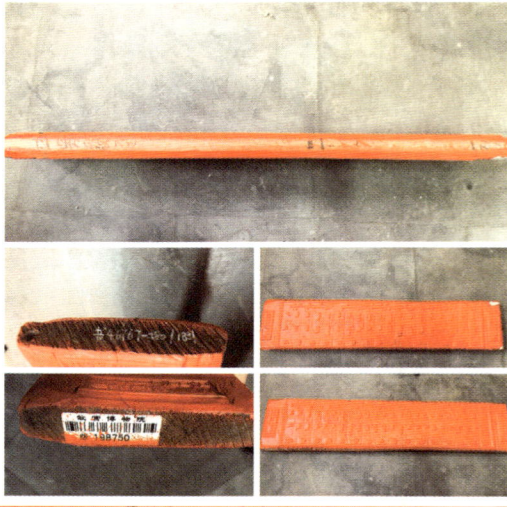

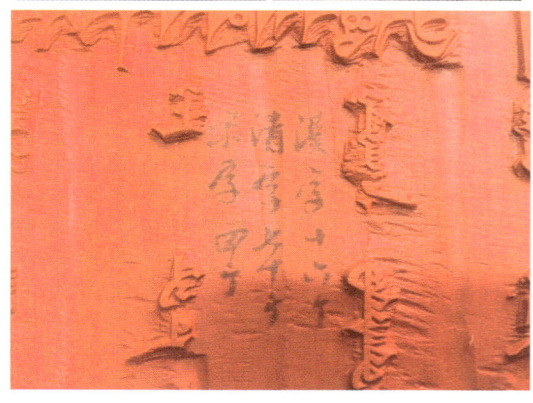

图五　《楞严经》经版所采集的几个面信息及局部特写

息。这一套系统，都是在OA平台上得以完成的。再加上目前正在进行的影像采集工作，OA平台为文物的日常管理提供了便利，同时也提高了工作效率。

雕版文物是中国古籍文化遗产特有的表现形式，它包含了十分丰富的历史信息与版本信息。从材质上来讲，任何文物的保存都是有一定寿命的，加之明清两朝以来，受自然环境与人为的破坏，幸存下来的内府雕版是十分珍贵的文物，因此，无论是从保护整理角度、还是从开发利用角度，雕版文物的保护都是一件刻不容缓的抢救行为。雕版和古籍一样，承载了大量的文化内涵，具有鲜明的时代气息。可以说，保护是前提，整理是基础，利用是目的，研究是手段，典守是责任，传承是使命。

故宫博物院藏内府雕版文物作为中华民族文化遗存的重要组成部分，保存了大量翔实可靠、弥足珍贵的资料，具有重要且不可替代的文献价值。对内府雕版文物的整理与研究，近几年有所增多。整体而言，目前还局限在基础的古籍雕版的整理上和初步研究的阶段，尚未形成大规模、成系统的梳理与研究。因此，全面开展保护性研究工作是重要的课题，或分材质、质地，或分版刻布局，或以历史文献，或以现存实物进行区域性研究。不管采用何种方式，总而言之，数据化应用是文化传承与利用的有效方式之一，也是符合故宫博物院藏品实际情况的重要方法。作为一名文博工作者，与当代学人就这一问题的互动实践、共享利用也是十分必要的。

---

① 在计算机语言中，"＊.＊"符号表示全部文件。

② 此处这三个栏目是并列或包含的关系，每一个栏目都有下拉选项菜单，可以是绝对包含，也可以是绝对并列，使检索出来的内容更加具体，检索的要求更加准确。

（作者单位：故宫博物院）

北京市文物局2018年第一季度文博事业大事记

北京市文物局办公室

1月1日 市文物局副巡视员刘正品带领督察组,对颐和园和摩诃庵等全国文物保护单位开展安全隐患大排查大清理大整治行动进行专项督察。

1月9日 市文物局召开全市文物系统烟花爆竹安全管理工作动员部署会,部署了北京市文物系统2018年春节烟花爆竹安全管理工作。市文物局副巡视员刘正品与各区文化委员会签订了责任书,并就做好春节期间烟花爆竹安全管理工作提出了"加强组织领导、加强全程监管、加强宣传发动、加强隐患排查、加强值班看护、加强信息报送"六条要求。

1月18日 北京文博交流馆举行重装开放仪式。

1月19日 市文物局局长舒小峰、副巡视员刘正品及执法队负责同志就大兴区旧宫镇集贤村侵华日军飞机掩体被拆毁一案的进展情况赴大兴区进行专题调研。舒小峰局长对大兴区政府关于文物保护和侵华日军飞机掩体被拆毁一案前期所做的工作给予了肯定,同时要求大兴区政府要高度重视文物工作、严格落实主体责任、依法实施原址保护、加强文物工作调研、及时上报相关情况。

1月23日 "帝都之门 画笔留痕——明清北京城门风景油画展"在北京市古代钱币展览馆开幕。展览分三部分,通过38幅油画作品展现明清时期北京的城门。

市文物局副局长于平主持召开北京地区非国有博物馆藏品备案工作专题会,下发了《北京市非国有博物馆藏品备案工作实施方案》,要求各馆按时填报《非国有博物馆藏品情况调查表》《非国有博物馆运营情况调查表》。国家文物局博物馆处副调研员焦丽丹及全市23家非国有博物馆相关负责同志参会。

1月25日 由中国美术馆、徐悲鸿纪念馆主办的"民族与时代——徐悲鸿主题创作大展"在中国美术馆举行。展览分"民族精神""图稿叙事""家国忧思"三大篇章,展出《愚公移山》《溪我后》《巴人汲水》《保卫世界和平大会》《会师东京》及《马》《狮》《鹰》等徐悲鸿具有时代标志性和历史价值性的绘画巨制、画稿等作品100余件。

1月26日 市领导召集市文物局研究、部署2018年中轴线申遗保护各项工作。

2月2日 由北京画院和徐悲鸿艺术馆联合主办的"白石墨妙·倾胆徐君——徐悲鸿眼中的齐白石"展在北京画院美术馆开展,展览以徐悲鸿旧藏齐白石作品为基础,同时配合展出北京画院收藏的齐白石、徐悲鸿作品,将两家艺术机构收藏的齐白石艺术精品70余件(套)汇聚一堂。

2月7日 国家文物局副局长宋新潮、督察司司长陈培军及公安部消防局领导一行7人，来我市开展春节前文物安全检查，实地查看了广济寺、历代帝王庙、妙应寺白塔等全国重点文物保护单位，对白塔寺历史风貌保护区的腾退利用工作进行实地调研。市文物局局长舒小峰、副巡视员刘正品、西城区副区长徐利及市消防局等相关部门负责同志陪同检查调研。

2月8日 由北京市正阳门管理处主办，廊坊博物馆、磁州窑博物馆协办的"阿呆的欢喜——京津冀系列民俗文化展"在正阳门开幕，展览通过71件曲阳泥塑作品和71幅武强年画作品，展现京津冀地域民俗。

"瑞犬望春风"展在首都博物馆开展，本次展览分"吉祥生肖""犬守安康""人类朋友"三个部分，展出东汉、唐代、清代、民国等时期和狗相关的展品、文物81件（套）。

2月9日 市文物局举行2018年离退休同志新春座谈会。局党组副书记、副局长崔国民同志代表局党组向参会老同志通报了2017年文博工作发展状况、局重点工作的完成情况及2018年全局工作思路和目标。原局长孔繁峙同志代表离退休同志发言并对文物保护与建设问题提出建议。

2月10日 由中国驻毛里求斯大使馆、毛里求斯艺术和文化部、北京市文物局主办，毛里求斯中国文化中心、首都博物馆承办的2018年"欢乐春节"系列活动——"老北京的寿礼"大型情景体验展在毛里求斯举办。

2月11日 市文物局召开局系统安全工作部署会，局党组书记、局长舒小峰强调，一是要高度重视人和物的安全，高度重视国家安全和意识形态领域安全，认清"北京无小事、事事连政治"。二是各级领导要以上率下、以身作则，发挥领导带头作用，值班不能脱岗漏岗，确保通信畅通。三是要克服麻痹松懈思想，认清"隐患就是事故"；严格清理单位环境，去除杂物，消除隐患。四是严格遵守廉洁从政相关要求，严禁公车私用。五是做好节前走访慰问和节日期间开放接待工作。

2月12日 市文物局深入房山区大安山乡水峪村开展慰问帮扶工作，多层面对水峪村给予实实在在的帮扶，与乡、村干部座谈交流，共谋发展之路，对水峪村充分挖掘文化文物资源、促进旅游产业发展等方面提出思路，确定了今后帮扶的方向。

2月14日 市文物局局长舒小峰、副巡视员刘正品会同东城区政府领导，赴孔庙、国子监、雍和宫、地坛等全国重点文物保护单位进行节前安全检查。

2月26日 市领导在市文物局召开调度会，听取市发改委、市财政局、市教委等单位关于中轴线文物腾退资金需求的报告。

2月27日 由北京市人民政府、西藏自治区人民政府主办，北京市文物局、西藏自治区文物局协办，首都博物馆、西藏博物馆承办的"天路文华——西藏历史文化展"在首都博物馆开幕。展览分"文明溯源""高原天路""雪域佛韵""合同一家"四部分，汇集北京、西藏、河北、重庆、青海五省市自治区21家文物收藏单位共216件（组）文物，重点展示西藏的历史文化对于中华民族共同体的重要作用。

2月28日 市领导调研北京规划展览馆，以及北京中轴线上存在住户占用问题的天坛、先农坛庆成宫、太庙、社稷坛、景山5个遗产点，部署文物腾退工作具体实施路线。

3月1日 市文物局局长舒小峰带队到密云区实地调研潮关村、河西村及古北口瓮城、卧虎山长城、潮河水关遗址、吉家营城堡、古北口战役阵亡将士墓等处文保单位，并围绕落实长城保护新理念、长城文化带保护规划等主题与区有关单位进行座谈。

市文物局、市消防局联合开展"文物消防安全专项督察行动"，会同房山区有关单位重点检查了云居寺、上方山诸寺等文物保护单位的安全工作。

经市质量技术监督局批准发布的北京市地方标准《文物建筑安全监测规范》正式实施。

3月5日 市文物局召开机关和局属单位党政主要领导工作会，通报春节、元宵节期间局系统安全工作情况，部署全国"两会"期间安全、服务保障、开放接待工作。局长舒小峰同志还就做好2018年重点工作、提前谋划2019年工作提出要求。

3月6日 市领导到北京市文物公司调研，听取了文物公司基本情况及清库工作汇报，实地察看了文物库房的工作条件和文物商品的保管手段、修复状况，并就文物公司经营和改革有关工作提出要求。

市文物局团委组织5家局属单位团员青年参加"志愿西站•爱满京城"学雷锋志愿服务活动，为来京游客提供博物馆宣传咨询服务，发放《走进博物馆》等宣传资料，播放《西藏历史文化展》等宣传片，介绍北京地区博物馆情况。

3月7日 市领导到北京市文物局调研，实地察看市文物局图书资料中心，并就文创产品开发工作提出要求。市文物局、市文促中心等单位负责同志参加。

3月15日 由《北京日报》报业集团、市文物局主办，《北京晚报》、孔庙和国子监博物馆承办的"见证初心六十年——《北京晚报》创刊60周年展"在孔庙和国子监博物馆开幕。展览分"创刊立业""复刊壮大""传承坚守"等七大主题，选取200余幅经典版面、新闻图片和10余件手稿、文献资料，以时间为轴，还原《北京晚报》发展历史，记录北京城市变迁。

3月26日 "文艺复兴时期意大利的艺术、文化和生活"展览在首都博物馆开幕，展览云集意大利国内17家博物馆（美术馆）的102件艺术珍品，呈现文艺复兴全景。

3月28日 "俄罗斯钟楼图片艺术展"在大钟寺古钟博物馆开幕，展出来自俄罗斯国立圣彼得堡历史博物馆收藏的俄罗斯多个地区各历史时期的钟楼图片39件。

3月29日 市文物局组织召开全市文物保护工程质量安全管理工作会。会议分析了文物保护工程中容易出现质量、安全问题的重点部位，就施工过程中的安全、质量、资料、材料、人员等问题进行了重点讲述，并按照市纪委驻文化局纪检组的相关要求，对文物保护工程立项审批、招投标环节、施工过程之中容易产生违规违纪问题提出了相关要求。

市委宣传部离退休干部处张卫军处长带队调研市文物局系统离退休干部工作。市文物局离退休干部处处长肖元春从局系统离退休人员与离退休干部工作队伍情况、党支部设立情况、党组织建设、活动阵地建设和组织老同志开展学习活动情况及存在的不足和今后努力的方向等方面介绍了工作总体情况。

3月30日 市文物局在孔庙和国子监博物馆召开2018年度党建暨党风廉政建设工作会议，局党组书记、局长舒小峰同志出席会议并讲话。局党组副书记、副局长崔国民同志总结2017年市文物局系统党建和党风廉政建设工作，对2018年市文物局全面从严治党工作做出安排和部署。驻市文化局纪检监察组副组长沈其顺同志就综合派驻纪检组的职责做出了进一步说明，通报了2017年度信访举报情况，并对2018年党风廉政建设工作提出要求。会议由市文物局党组成员、副局长于平同志主持。局党组书记、局长舒小峰同志与局属单位党政负责人共同签订党风廉政建设目标责任书。

整理：伊凡